O Brasil depois da Guerra Fria:
como a democracia transformou
o país na virada do século

ARTHUR ITUASSU

O Brasil depois da Guerra Fria: como a democracia transformou o país na virada do século

apicuri
EDITORA PUC RIO

Este livro está revisado segundo o Acordo Ortográfico da Língua Portuguesa de 1990, que entrou em vigor no Brasil em 2009.

Produção editorial – Apicuri
Rosangela Dias e Édio Pullig

Revisão de originais
Debora Fleck

Revisão de paginada
Nina Lua

Projeto gráfico de capa e miolo
Debora Fleck

Foto de capa
Comício na Candelária, de Hipólito Pereira/ Agência O Globo

CIP-BRASIL.CATALOGAÇÃO-NA-FONTE
SINDICATO NACIONAL DOS EDITORES DE LIVROS, RJ

Ituassu, Arthur

O Brasil depois da Guerra Fria : como a democracia transformou o país na virada do século / Arthur Ituassu. – Rio de Janeiro : Apicuri : Ed. PUC-Rio, 2013.
160 p. ; 21 cm
Inclui bibliografia
ISBN (PUC-Rio) 978-85-8006-085-0
ISBN (Apicuri) 978-85-61022-82-2

1. Política internacional – 1989. 2. Guerra Fria. 3. Democracia - Brasil. I. Título.

CDD: 327.11

[2013]

Editora Apicuri
Rua Senador Dantas, 75, salas 507 e 30
Centro, Rio de Janeiro – RJ
20031-204
Telefone/Fax (21)2533 7917
editora@apicuri.com.br
www.apicuri.com.br

Editora PUC-Rio
Rua Marquês de S. Vicente, 225
Casa da Editora/Agência Gávea,
Rio de Janeiro – RJ
22451-900
Telefone/Fax (21) 3527 1838/1760
www.puc-rio.br/editorapucrio
edpucrio@puc-rio.br

Este livro reúne e comenta artigos publicados na imprensa brasileira, em 1989, o ano da virada, no Brasil e no mundo. Faz o levantamento dos temas que preocupavam políticos e analistas naquela época – a abertura econômica, o fim da Guerra Fria, a mudança no papel do Estado, a integração do Brasil no cenário mundial. É impressionante como estes comentadores, políticos e jornalistas, não conseguiram antecipar nada do cenário das duas décadas seguintes – a perda das ilusões, os conflitos gerados pela força crescente dos fundamentalismos, a destruição das Torres Gêmeas, o declínio da Europa. Estreiteza de visão de tantos analistas? Ou será que a imprevisibilidade faz parte da natureza das coisas políticas?"

EDUARDO JARDIM,
professor do Departamento de Filosofia da PUC-Rio

Arthur Ituassu combina a formação acadêmica sólida em Política e Relações Internacionais com a experiência jornalística para narrar, com maestria, as profundas transformações ocorridas no Brasil e no mundo a partir de 1989. Este ano marca a confluência de várias tendências e o início de tantas outras, todas moldando ainda a vida política das nações. Eventos e processos complexos – a redemocratização no Brasil e os desafios da estabilidade econômica, a globalização econômica e o fim da Guerra Fria, a força das ideias em seu tempo – vão-se entrelaçando e compondo um quadro indispensável para entender o mundo contemporâneo.

BRAZ BARACUHY,
acadêmico e diplomata brasileiro em Pequim

Uma leitura valiosa para qualquer um interessado na história e na política contemporânea da nova democracia brasileira.

PAUL-HENRI BISCHOFF,
professor da Universidade de Rhodes, África do Sul

A análise perspicaz de Arthur Ituassu da política e da sociedade brasileira enriquece o entendimento global deste país indispensável.

DAVID HAYES,
editor do site britânico de análise política openDemocracy

Arthur Ituassu é uma referência imprenscindível para se antecipar e compreender a evolução do Brasil como potência global.

ROBERTO GUARESCHI,
editor do Project Syndicate, em Buenos Aires

Arthur Ituassu mostra que a Guerra Fria não foi somente um confronto de grandes potências entre Estados Unidos e União Soviética, mas também definiu mentalidades e culturas políticas em países mais distantes do centro da disputa. Este livro conta a verdadeira história do pós-Guerra Fria no Brasil, país que definitivamente assumiu sua importância mundial, e pode trazer uma luz para estudos semelhantes em outras nações.

ZHENJIANG ZHANG,
professor da Universidade Jinan, em Guangzhou, China

Para Ana, Beatriz e Pedro.

Sumário

Prefácio

Quem teve a ideia de cortar o tempo em fatias,
a que se deu o nome de ano,
foi um indivíduo genial.
Industrializou a esperança, fazendo-a funcionar no limite da exaustão.
Doze meses dão para qualquer ser humano se cansar e entregar os pontos.
Aí entra o milagre da renovação e tudo começa outra vez, com outro número e outra vontade de acreditar que daqui pra diante vai ser diferente.
("Cortar o tempo", de Carlos Drummond de Andrade)

Há um tempo em que é preciso abandonar as roupas usadas
Que já têm a forma do nosso corpo
E esquecer os nossos caminhos que nos levam sempre aos mesmos lugares
É o tempo da travessia
E se não ousarmos fazê-la
Teremos ficado para sempre
À margem de nós mesmos.
(Fernando Pessoa)

O tempo é sábio na arte de potencializar ou de relativizar a força dos fenômenos sociais. Ou os galvaniza pela proximidade ou os comprime no espaço de nossa memória seletiva, tornando-os menos importantes ou mesmo naturalizando-os. Conforme o tempo passa, a riqueza com que se desenvolveram os processos sociais e seus desdobramentos vai perdendo seu poder de impacto ao vermos esses processos serem superados por novas experiências, novos fenômenos, outras prioridades enfim. Deste modo, às vezes é mesmo difícil – quando não impossível – levarmos na devida conta a força de um tempo em que se desenrolou uma série de acontecimentos, de figuras e de ideias. Sem dúvida que alguns marcos temporais – nacionais ou internacionais – jamais perdem sua força. Para citarmos apenas alguns e nos restringindo aos séculos XX e XXI: 1917, 1929, 1930, 1939, 1945, 1959, 1964, 1968, 2001. E assim, também, 1989.

Em sua antítese, os versos citados, de autoria de dois grandes poetas da língua portuguesa, ilustram muito bem esse ano de 1989 e as diferentes formas de se pensar sobre o que ele envolveu: esperança, rechaço, novidade, continuidade e mudança.

Para os que testemunharam o período, este livro é um generoso convite a rever esse tempo com suas múltiplas facetas e inacreditável potencial de mudança. Para os que por sua tenra idade ainda não acompanhavam as notícias ou para os que ainda nem faziam parte desse tempo, a obra é uma apresentação abrangente e instigante do cenário nacional e internacional da época. Para todos, uma oportunidade de pensar sobre o passado, o presente e o futuro do país.

Como não poderia deixar de ser e não apenas devido à formação acadêmica do autor na área de Relações Internacionais, a narrativa sobre esse momento da história do Brasil se inicia com o resgate dos eletrizantes acontecimentos que se desenrolaram no cenário internacional – os fenômenos políticos do Leste Europeu, em particular as mudanças registradas na Hungria, na Polônia, na Tchecoslováquia e na ainda sobrevivente União Soviética; as pressões internacionais sobre o regime segregacionista da África do Sul; as manifestações de protesto na Praça da Paz Celestial em Pequim; as inovações tecnológicas que se tornaram motores de tantas outras novidades políticas e econômicas, os chamados arranjos de integração regional etc. Todos esses eventos e processos são convocados para nos oferecer um quadro compreensivo do final da década de 1980. Eventos que tanto vieram encerrar um ciclo quanto – *et pour cause* – inaugurar um novo tempo nas relações internacionais.

Mas como bem sugere ao final este livro, a reconfiguração mundial desse momento por si só não explica as ocorrências em cada país, cada um com sua própria história e identidade. O fato é que não é possível imputar causalidades à proximidade cronológica entre a queda do Muro de Berlim e as eleições presidenciais no Brasil em novembro do mesmo ano. A queda das nossas barreiras guarda dinâmicas próprias, que datam de antes do processo que levou ao fim da Guerra Fria, embora certamente se relacione com desdobramentos internacionais pretéritos.

A partir daí, o cenário e a trajetória política do país nunca mais seriam os mesmos. Isso é também o que mostra com concisão e clareza o segundo capítulo deste livro. E da mesma forma com que o autor resume, sem deixar de mencionar o que importa, ou seja, o quadro de mudanças internacionais do final da década de 1980, nesse segundo capítulo ele apresenta a organização da economia brasileira dos anos 1940 para cá, de modo claro e abrangente, oferecendo ao leitor menos familiarizado com o assunto uma visão bastante ampla sobre a trajetória do projeto de desenvolvimento brasileiro. Assim, chegamos junto com o autor ao momento em que esse quadro se reorganiza, marcado pela forte liberalização comercial, e desta forma entendemos melhor seus efeitos sobre a política externa do país com o processo de atualização da agenda internacional.

Mas as ideias importam. Após nos oferecer uma visão bastante exaustiva do contexto político e econômico em que se encenou a comédia – se entendermos esse processo como um drama que aceita reconciliações – ou a tragédia – se o entendermos como um drama que em si carregava um final de fracasso –, o autor nos leva a conhecer as ideias que estavam por trás de todo esse cenário. E então, sem negar sua outra formação e vínculo, a Comunicação, Arthur traz a mídia para o interior da sua exposição como o palco em que se desenrolaram e se intensificaram os debates sobre as ideias.

Finda a leitura, vemos que o que viabilizou a erupção de tantas ideias no espaço público, suas variações e alternativas, foi a emergência da democracia, que, por sua vez, iria se alimentar e se robustecer graças a esse mesmo debate. O exercício democrático permitiu a disputa política em que ideias emergentes e suas contrapartes fossem expostas, defendidas e criticadas. Além disso, o exercício da democracia mobilizou figuras de projeção nacional a lutar por suas convicções, trazendo evidências dos compromissos de cada um com o presente e o futuro do país, ajudando a torná-los responsabilizáveis (*accountable*) por suas opiniões e propostas.

O ano de 1989 foi um tempo de esperanças industrializadas, um tempo de travessia, um tempo de reflexão e de muita ação. Este livro vem em boa hora para nos ajudar a lembrar dessa fatia do tempo e a refletir sobre nossas escolhas e sobre os caminhos que hoje trilhamos.

Letícia Pinheiro
Professora do Instituto de Relações Internacionais da PUC-Rio

Nota sobre os nomes e as fontes

Sobre os nomes de personagens e instituições presentes neste livro, bem como sobre as referências utilizadas como suporte para as argumentações, há duas seções que devem contemplar todas as dúvidas: as "Fontes" e o "Glossário". Quando o leitor se deparar com iniciais maiúsculas, de personagens e instituições, termos técnicos e estrangeiros, tratados ou eventos históricos, deve consultar a última seção. Pesquisadores e curiosos das referências devem buscar a primeira. Além disso, ainda sobre os nomes, a ideia foi sempre a de buscar a grafia mais consagrada dos personagens estrangeiros que aparecem no texto.

De resto, boa leitura, boa jornada.

Arthur Ituassu

1989, a origem

A primeira hipótese deste livro é a de que o ano de 1989 guardaria um debate político precioso. Afinal, o país havia recém-saído de um regime autoritário-militar de quase duas décadas e encontrava-se em meio a uma crise social, política e econômica sem precedentes, no contexto da primeira eleição direta para presidente da nova democracia brasileira, a Nova República.

O Brasil vinha da morte de Tancredo Neves, um dos principais nomes da oposição política aos militares e um dos líderes do movimento pelas Diretas Já, em 1984. Tancredo fora eleito presidente em janeiro de 1985, pelo voto indireto, mas com apoio maciço da população. Doente, no entanto, não tomaria posse.

Com sua morte, o vice-presidente eleito José Sarney, oriundo da fila conservadora, assumiu e levou o país da esperança à decadência nacional em apenas três anos, desde o lançamento do Plano Cruzado, em janeiro de 1986. Depois de cantar o hino nacional em supermercados, a população viu a inflação derrotar sucessivamente todas as tentativas do poder público de controlar os preços, até o início do Plano Real, em 1994. Em janeiro de 1989, por exemplo, quando Maílson da Nóbrega assumiu o Ministério da Fazenda e pôs em prática o seu Plano Verão, a terceira tentativa do governo Sarney de combater a inflação,[1] a correção dos preços estava no patamar de 35% ao mês. Quando Fernando Collor de Mello foi eleito, em novembro de 1989, a inflação mensal estava acima

[1] A segunda foi o Plano Bresser.

dos 45% ao mês. Cálculos do professor Gustavo Franco, presidente do Banco Central entre 1997 e 1999, sugerem que a correção dos preços chegou a 20.759.903.275.651% entre abril de 1980 e maio de 1995.

No cenário internacional, transformações radicais despontavam, como o fim da Guerra Fria e uma intensa revolução tecnológica, que integrava nações e mercados. Vinha abaixo toda uma estrutura que havia definido a política internacional desde o fim da Segunda Guerra Mundial.

De fato, 1989 foi um ano de mudanças. Em janeiro, por exemplo, na Hungria, em plena Cortina de Ferro, o governo aprovou uma lei que garantiu o direito à livre associação. Na prática, a nova legislação colocou um ponto final no monopólio exercido pelo Partido Socialista Operário Húngaro sobre a política no país.

E essa foi apenas a primeira de uma série de medidas tomadas pelos reformistas húngaros que haviam chegado ao poder em novembro de 1988. Em dez meses, o grupo em torno do primeiro-ministro Miklós Németh acabou com o regime comunista na Hungria. "Depois de quatro décadas de comunismo, os primeiros brotos tenros de democracia nasciam ao longo do Danúbio", escreveu o jornalista Michael Meyer, que cobriu, para a revista *Newsweek*, os eventos do ano na Europa Oriental.

A lei aprovada em janeiro permitiu o surgimento dos primeiros partidos independentes, chamando-os de clubes, movimentos e até mesmo de "organizações alternativas". Em setembro, um grupo chamado Fórum Democrático Húngaro, que formaria o primeiro gabinete pós-comunista do país, criou um "movimento político-espiritual democrático". Mais tarde surgiram a Liga dos Jovens Democratas e a Aliança dos Democratas Livres.

Miklós Németh, economista graduado em Harvard, tinha apenas 40 anos quando foi nomeado primeiro-ministro da Hungria. "Ele estava numa situação de vida ou morte", escreveu Michael Meyer. "A economia húngara era um desastre. As finanças do país estavam em crise. Tudo caía aos pedaços. Ele sabia que uma mera reforma não seria suficiente. Németh teria que desmantelar todo o sistema comunista." Era a vingança da Revolução Húngara de 1956, sufocada com violência pelo Pacto de Varsóvia.

Ainda em janeiro de 1989, Alexander Yakovlev, pilar intelectual de Mikhail Gorbachev e mentor da *glasnost* e da *perestroika*, recebeu a visita de Henry Kissinger em Moscou. Kissinger fora enviado ao Kremlin pelo governo George Bush, recém-eleito nos Estados Unidos, com uma única missão: pressionar por mudanças.

No encontro, Yakovlev disse a Kissinger que Gorbachev estava desconfiado de que o governo Bush não cumpriria os acordos feitos com Ronald Reagan. A administração anterior havia prometido não interferir, ao menos diretamente, nos desenvolvimentos políticos do mundo comunista. Kissinger respondeu que as reformas até então haviam sido "cosméticas" e que era hora de se discutir a situação do Leste Europeu.

Na verdade, as transformações já aconteciam a pleno vapor na região. Na Polônia, por exemplo, também em janeiro, o regime comunista, que desde 1948 governava o país sem oposição, convidou Lech Walesa e seu Solidariedade – o famoso sindicato de estivadores católicos que enfrentara o comunismo no início dos anos 1980 – para negociar um processo de liberalização política que acabaria por levar Walesa ao topo do poder no país. Se, em 1989, as mudanças na Hungria ganham destaque como principal fonte catalisadora das reformas no

Leste Europeu, em geral atribui-se à Polônia a vanguarda das revoluções liberais na região, reconhecendo-se, assim, a luta dos poloneses desde a imposição da Lei Marcial de 1981 contra Walesa e seu grupo.

Em 1989, o Solidariedade foi convidado à mesa de negociações pelo general Wojciech Jaruzelski, que estivera à frente da repressão contra o movimento e seus líderes no início da década. Jaruzelski era um comunista de carreira. Lutou ao lado dos russos em Berlim, foi espião dos soviéticos entre os militares poloneses na Segunda Guerra, reprimiu rebeliões anticomunistas na Polônia, perseguiu judeus, liberais e reformistas no Exército polonês, comandou o contingente enviado à Tchecoslováquia para sufocar a Primavera de Praga em 1968, e, em 1970, participou da execução de operários em greve durante a revolta em Gdansk.

Assim como a Hungria, a Polônia estava em crise em 1989. Um terço da população polonesa vivia na pobreza e a inflação crescia a índices alarmantes. Previsões do momento indicavam que poderia chegar aos 500% ao ano rapidamente. As palavras do operário polonês em greve, ouvidas pelo historiador britânico Timothy Garton Ash, correram o mundo na época: "Quarenta anos de socialismo e ainda não temos papel higiênico."

Relatos contam que, ao se caminhar pelas ruas de Varsóvia, era impossível não notar os chamados "vira-latas", gente que vasculhava o lixo em busca de restos de comida e roupas. Ao mesmo tempo, havia uma elite, ricos, em geral filhos, parentes ou gente próxima dos dirigentes comunistas, que podiam frequentar lojas onde, por muito dinheiro, sempre em espécie, compravam artigos de luxo ou itens de primeira necessidade, papel higiênico, meias, chá, café ou mesmo uma televisão.

A maioria dos poloneses, no entanto, levava a vida na míngua. Carregavam sacolas de plástico aonde quer que fossem e entravam em qualquer fila esperando pacientemente pelo que estivesse à venda. De acordo com dados do próprio governo polonês da época, o custo de vida na Polônia aumentara, desde 1980, 55% a mais que os salários.

As negociações entre o Solidariedade e o regime comunista começaram formalmente em 6 de fevereiro de 1989. Ao fim, em 7 de abril, os acordos previam reformas políticas e econômicas e a realização de eleições, a serem disputadas em junho. Fora permitido ao Solidariedade concorrer a um terço dos assentos no Sejm, a câmara baixa. Os outros dois terços ainda ficariam nas mãos dos comunistas. Além disso, foi criado o Senado, com papel limitado a examinar as leis produzidas no Parlamento.

O pleito foi realizado na data prevista e a oposição conquistou 92 dos 100 assentos disputados no Senado, e 160 dos 161, no Sejm. Em 25 de julho, Lech Walesa foi convidado a compor o novo governo. Em dezembro de 1990, tornou-se presidente.

O sucesso do Solidariedade na terra natal do papa João Paulo II foi carregado de simbolismos. Na Polônia, havia começado a Segunda Guerra Mundial, com a invasão de Hitler, e para alguns[2] até mesmo a Guerra Fria, com o domínio do país pelo Exército Vermelho de Josef Stálin. Na ocasião, muitos na Grã-Bretanha e nos Estados Unidos se perguntaram: "Nós não havíamos entrado na guerra pela Polônia?"

O papa, claro, teve um papel fundamental na história. É difícil, por exemplo, medir a importância da visita de João Paulo II a seu país em junho de 1979, quando discursou em

[2] Winston Churchill, por exemplo.

Varsóvia sobre a história da resistência local a invasões estrangeiras. O papa falou a seu povo, apenas oito meses depois de assumir o Vaticano, como o primeiro papa não italiano em 455 anos: "Vocês não são o que eles dizem. Deixe-me lembrá-los de quem vocês são."

Dez anos depois, em 1989, a Cortina de Ferro ruía. Na Tchecoslováquia, levantes populares pediam a libertação de Vaclav Havel, o escritor e dramaturgo que se tornara um dos principais líderes do movimento não violento pelo fim da ditadura comunista no país, a Revolução de Veludo. Havel ficou preso de junho de 1979 a janeiro de 1984, mas, mesmo depois de libertado, foi várias vezes encarcerado novamente, sem justificativa legal. Ele se tornou, antes da divisão do país, o último presidente da Tchecoslováquia, em dezembro de 1989. Em fevereiro de 1993, foi eleito o primeiro presidente da nova República Tcheca.

Foi também em 1989 que a União Soviética deixou definitivamente o Afeganistão, após uma derrota cara e embaraçosa contra os militantes treinados por Osama Bin Laden, equipados com armas da Central de Inteligência Americana (CIA) e financiados pelo petróleo árabe. Tendo um regime decadente por trás, os soviéticos não foram capazes de controlar a tradicional resistência afegã, apoiada por Washington e a nova militância islâmica, organizada por Bin Laden.

Em meio à crise política e econômica na União Soviética, os reformistas radicais liderados por Boris Yeltsin exigiam eleições livres. O pleito foi realizado, em 26 de março de 1989, e deu a Yeltsin quase 90% dos votos da capital para o parlamento comunista, o Soviet.

E as mudanças não ocorriam somente no Leste Europeu. Em 1989, na África do Sul, o *apartheid* sofria pressão da Casa Branca e da oposição democrata, bem como dos liberais europeus, representados, por exemplo, nos protestos do grupo irlandês U2 ao confinamento de Nelson Mandela. Sem o apoio de Washington e em baixa na imprensa internacional, o regime sul-africano colocou Frederik Willem de Klerk no poder, em fevereiro de 1990, para o último mandato do governo racista no país.

No mesmo momento, na Ásia, as manifestações na Praça da Paz Celestial em Pequim, em abril de 1989, foram o grande símbolo de uma série de protestos que ocorreram simultaneamente em várias cidades chinesas. Os atos, organizados em boa parte por estudantes, permaneceram firmes por sete semanas e chegaram a reunir, na capital chinesa, mais de cem mil pessoas. O levante foi reprimido e a imagem do cidadão chinês enfrentando uma fila de tanques entrou para a história.

Para além da esfera política, uma verdadeira revolução tecnológica impulsionava novos processos de produção e integração das economias, no final da década de 1980. Ao longo do século, inovações em setores como transportes e telecomunicações diminuíram significativamente os custos das transações internacionais e, ao fim, diferenças brutais surgiam entre nações integradas e não integradas.

Superpetroleiros e contêineres reduziram enormemente o preço do despacho por via marítima. Bens cujos custos de travessia do Pacífico ou do Atlântico eram proibitivos nas primeiras décadas do século, ao fim se tornariam cargas comuns. Estimativas do professor Jeffry Frieden apontam que o preço médio de embarque de uma tonelada de carga caiu até 75% nas décadas de 1960, 1970 e 1980. Ao mesmo tempo, voar virou uma despesa corriqueira nos negócios do mundo desenvolvido, e o custo real das passagens aéreas caiu quase 90% entre 1930 e 1990.

Também ao longo do século XX, em especial na sua segunda metade, ocorreram desenvolvimentos espetaculares na comunicação, com o uso de satélites e cabos de fibra ótica. Um cidadão de renda média em Nova York, por exemplo, teria que trabalhar, em 1920, três semanas para pagar um telefonema corriqueiro a um parente em Londres. Em 1970, a mesma chamada custava oito horas de trabalho. Em 1990, 15 minutos. No final do século, a internet ofereceria a milhões de usuários acesso instantâneo a informações oriundas de qualquer parte do planeta. Telefones celulares e outros dispositivos portáteis sem fio possibilitariam o contato constante entre colegas de trabalho, familiares e amigos.

Os avanços na microeletrônica foram espantosamente rápidos. Em 1950, o transistor era a grande sensação. Menor que um selo, substituía na época as antigas válvulas nos aparelhos elétricos. Em meados da década de 1970, dois mil transistores podiam ser reunidos em poucos metros quadrados, o que viabilizou a produção de máquinas calculadoras portáteis mais potentes do que os computadores à válvula da década de 1940, que tinham o tamanho de uma sala. No fim do século, um único microchip era mais potente do que um bilhão de transistores, e um computador pessoal era mais rápido do que qualquer equipamento existente na década de 1970, a um centésimo do preço.

Com a queda dos custos de transação, inclusive de monitoração dos interesses no exterior, a integração econômica internacional cresceu em ritmo intenso. Valores de comércio das cinco maiores economias do mundo na época mostram a transformação, alimentada por avanços tecnológicos e reduções tarifárias negociadas no âmbito do Acordo Geral de Tarifas e Comércio, o Gatt (General Agreement on Tariffs and Trade). Entre 1940 e 1980, a tarifa média mundial para os produtos industrializados despencou de 40% para 7%.

Nesse contexto, Grã-Bretanha, Alemanha, França, Japão e Estados Unidos apresentaram, entre 1970 e 1996, uma elevação gigantesca no valor de suas exportações: de US$ 25 bilhões para US$ 314 bilhões, entre os britânicos; de US$ 39 bilhões para US$ 570 bilhões, entre os alemães; de US$ 23 bilhões para US$ 361 bilhões, entre os franceses; de US$ 22 bilhões para US$ 483 bilhões, entre os japoneses; e de US$ 68 bilhões para impressionantes US$ 793 bilhões, entre os americanos.

No caso das importações, o volume de compras passou, no mesmo período de 26 anos, de US$ 25 bilhões para US$ 322 bilhões, na Grã-Bretanha; de US$ 35 bilhões para US$ 550 bilhões, na Alemanha; de US$ 22 bilhões para US$ 324 bilhões, na França; de US$ 20 bilhões para US$ 406 bilhões, no Japão; e de US$ 68 bilhões para US$ 906 bilhões, nos Estados Unidos.

Além do aumento exponencial do comércio, outro fenômeno típico do fim do século XX foi a chamada desintegração global da produção. O sistema produtivo passou, em muitos casos, a depender de processos espalhados pelo planeta. Alguns produtos se tornaram "transnacionais", como foi o caso pioneiro da boneca Barbie. Enquanto o plástico e o cabelo da boneca, por exemplo, vinham, na virada do século, de Taiwan e Japão, a montagem era feita em fábricas na Indonésia, Malásia e China, de onde vinha o algodão das roupas.

Também no âmbito financeiro, é difícil medir o impacto da revolução tecnológica recente. As telecomunicações modernas agilizaram o acesso aos mercados espalhados pelo mundo, permitindo um crescimento astronômico das transações financeiras internacionais. No fim do século XX, o volume diário de operações de câmbio chegou a US$ 1,5 trilhão, uma média impensável cinquenta anos antes.

O fim do século também foi palco de importantes acordos regionais. Em 1985, por exemplo, os presidentes José Sarney e

Raúl Alfonsín assinaram o Programa de Integração e Cooperação Econômica Brasil-Argentina, pontapé inicial das negociações que levariam ao Mercado Comum do Sul (Mercosul). Em 1988, Canadá e Estados Unidos firmaram o pacto que levaria ao Acordo de Livre Comércio da América do Norte, ou Nafta (North American Free Trade Agreement), em vigor desde janeiro de 1994, com a adesão do México.

Na Europa, após o Tratado de Roma, de 1957, que criou a Comunidade Econômica Europeia, entraram em 1973 para o bloco a Dinamarca, a Irlanda e a Grã-Bretanha. Seis anos depois, foram realizadas as primeiras eleições para o Parlamento Europeu. Ao longo dos anos 1980, foram aceitas as inscrições de Grécia, Espanha e Portugal, e o trânsito interno de pessoas entre os países-membros se tornou livre da obrigatoriedade do passaporte, com o Acordo de Schengen. Em 1986, a bandeira da Europa passou a ser utilizada em cerimônias oficiais no continente.

Como afirma o professor Robert Cox, em uma definição clássica do momento,

> o termo globalização passou a expressar a percepção de uma tendência dominante na economia política mundial. No seu sentido mais amplo e geral, globalização significa uma crescente interconexão e interdependência. Trata-se de algo multidimensional, que serve para representar a interconexão nos terrenos da política e da organização da segurança, da economia e do bem-estar, da cultura, da ecologia e dos valores de todo o tipo.

No meio do furacão, Mikhail Gorbachev, secretário-geral do Partido Comunista Soviético, declarou publicamente, em julho de 1989, que a União Soviética não usaria a força contra as mudanças no Leste Europeu. Ao mesmo tempo, uma declaração por escrito do Ministério das Relações Exteriores prometeu deixar os Estados da Cortina de Ferro "seguirem o seu caminho".

Era o fim da Doutrina Brezhnev. A norma que carregava o nome do líder histórico do Partido Comunista Soviético – Leonid Brezhnev só ficou menos tempo no poder que Stálin – afirmava que uma ameaça a qualquer nação comunista seria vista como uma ameaça a todo o mundo comunista, em especial à União Soviética.

Mas ainda faltaria Berlim. No 1º de maio de 1989, o governo da Alemanha Oriental festejou – além do Dia do Trabalho – o 40º aniversário do regime, sem imaginar que aqueles seriam seus últimos momentos. Apesar dos "problemas" na Hungria e na Polônia e dos avanços alardeados por Gorbachev, o comunismo ainda reinava firme na Romênia de Nicolae Ceausescu, na Bulgária, na Tchecoslováquia e na própria Alemanha Oriental.

À frente do governo comunista alemão estava Erich Honecker, na época com 77 anos e desde 1971 no poder. Honecker fora um dos artífices do Muro. Todos os anos, as tropas comunistas matavam a tiros os "saltadores", e o próprio secretário-geral do Partido Socialista Unificado da Alemanha, como era chamado o partido comunista na Alemanha Oriental, havia afirmado em janeiro de 1989 que o Muro duraria "mais cem anos". Sem acreditar no que Gorbachev dizia, ele mal podia imaginar os acontecimentos dos meses seguintes.

A pouco mais de oitocentos quilômetros de Berlim, em Budapeste, o governo do primeiro-ministro reformista Miklós Németh desferiu, no início de maio, um golpe mortal contra toda a Cortina de Ferro. A partir daquele momento, por motivos de "economia fiscal", a Hungria não manteria mais a cerca eletrificada que garantia a sua fronteira com a Áustria.

Em poucas horas, a foto de tropas húngaras cortando o arame farpado se espalhou pelo mundo. Com a medida, os húngaros abriam um verdadeiro buraco na fronteira com o mundo capitalista. A partir da Hungria, cidadãos da Europa Oriental poderiam, desse momento em diante, passar para a Áustria e de lá para a Alemanha Ocidental, Suíça ou Itália.

Em Berlim Oriental, era como se estivesse de volta o pesadelo de 1961, ano da construção do Muro. Em pouco tempo os alemães orientais partiriam para as férias do verão europeu e um dos destinos preferidos era a Hungria. Assim, Honecker depositou suas últimas fichas no encontro anual do Pacto de Varsóvia, que ocorreu entre os dias 7 e 8 de julho de 1989, em Bucareste. Na ocasião, a linha-dura do bloco comunista, liderada por Ceausescu, fez fortes acusações aos húngaros, na frente de Németh e Gorbachev, esperando alguma atitude de Moscou. Para eles, estava em jogo a sobrevivência do comunismo, mas o líder soviético não parecia se importar. A esperança de Honecker, de Ceausescu e do ditador tcheco Milos Jakes era conseguir um compromisso dos soviéticos para salvar seus regimes, exatamente como havia acontecido em Berlim em 1953, em Budapeste em 1956, em Praga em 1968 e em Varsóvia em 1981. Dessa vez, no entanto, as súplicas não trariam resultado.

A chamada "grande fuga" teve início em setembro de 1989. Em conluio com Budapeste, as autoridades na Alemanha Ocidental – o primeiro-ministro Helmut Kohl havia prometido total apoio a Németh – montaram um grande centro de imigração nas proximidades da fronteira com a Áustria. Rapidamente, 150 mil alemães orientais estavam acampados à beira do Ocidente. Em 31 de agosto, o ministro das Relações Exteriores da Hungria, Gyula Horn, foi até Berlim Oriental encontrar Oskar Fischer, ministro das Relações Exteriores da Alemanha comunista, para avisá-lo de que o governo húngaro iria permitir a passagem dos refugiados para o território austríaco. Era uma questão de "direitos humanos", segundo Horn. Dez dias depois, Miklós Németh anunciou aos alemães orientais: "Vocês estão livres para partir."

Não demorou muito e outros tentariam o mesmo. Cerca de 650 mil alemães orientais imediatamente entraram com o pedido de visto oficial de saída, necessário para viajar mesmo pela Europa Oriental. No fim de setembro, perguntado sobre quantos alemães orientais ele achava que iriam fugir, o ministro soviético das Relações Exteriores Eduard Chevardnadze afirmou: "Um ou dois milhões."

Em meio à crise, Honecker resolveu apelar para o seu colega tcheco Milos Jakes. Para chegar à Hungria, os alemães orientais teriam que passar pela Tchecoslováquia. Honecker e Jakes então fecharam a fronteira tcheca com a Hungria, bloqueando o caminho para o Ocidente.

A solução não poderia ter sido pior, em especial para os tchecos. Milhares de alemães orientais a caminho da Hungria estavam agora presos na Tchecoslováquia, o que servia de inspiração revoltosa e atrapalhava os planos de Jakes de manter seu regime distante da crise na região. Honecker então recuou, mas não sem complicar definitivamente sua sobrevivência política. O secretário-geral decidiu dar, ele mesmo, transporte aos refugiados, de Praga até a Alemanha Ocidental, mas em trens que passariam por dentro do território comunista alemão.

Se os opositores do regime precisavam de um motivo para ir às ruas, Honecker foi generoso. A passagem dos trens pelas cidades e estações da Alemanha Oriental se tornou um grande evento nacional, inflamando manifestações internas contra o regime. Os levantes populares, no início restritos aos locais por onde passavam os trens, rapidamente tomaram as ruas. Em 25 de setembro, oito mil pessoas marcharam em Leipzig. Em 2 de outubro, já eram cem mil e, no dia 23 do mesmo mês, duzentas mil.

O governo não resistiu aos protestos e o secretário-geral foi substituído. De Moscou, no início de novembro, Gorbachev aconselhou o sucessor Egon Krenz a acelerar as reformas e abrir suas fronteiras "para evitar uma explosão". Em 4 de novembro, uma nova manifestação reuniu quinhentas mil pessoas em plena Berlim Oriental. A cena musicada pelo grupo britânico Pink Floyd, no álbum *The Wall*, de setembro de 1979, se tornava realidade. O discurso de Reagan, feito em junho de 1987, se transformaria em profecia: "Senhor Gorbachev, derrube este Muro!"

O Muro foi derrubado em 9 de novembro de 1989, marcando definitivamente o fim da Guerra Fria. Seis dias depois, no dia 15, os brasileiros votariam para presidente pela primeira vez desde o fim do regime militar.

A mudança

A partir de 1989, o Brasil passou por um processo radical de transformações políticas e econômicas. O país modificou seu relacionamento com o mundo, reformou seu paradigma de desenvolvimento, reorganizou em bases completamente diferentes sua economia e consolidou um novo regime democrático.

A partir de 1989, o Brasil mudou completamente sua postura com relação ao comércio e às finanças internacionais. O país começou a importar e exportar mais, elevou a participação estrangeira na economia, estabeleceu acordos importantes de comércio internacional e modificou sua agenda de política externa, aceitando temas antes considerados "sensíveis", como propriedade intelectual, meio ambiente e proliferação nuclear, mesmo que, muitas vezes, de maneira crítica.

Na verdade, o Brasil passou de crítico relutante a participante ativo dos mais numerosos fóruns internacionais. O país extinguiu suas reservas formais de mercado e iniciou uma atuação mais comprometida com os regimes de comércio internacional capitaneados pela Organização Mundial do Comércio (OMC), em vigor desde 1º de janeiro de 1995. Retirou o Estado do controle direto de uma série de atividades da economia, como telecomunicações e siderurgia, e transformou toda a sua estrutura de relações comerciais com o mundo.

A nova política comercial brasileira, por exemplo, começou ainda em 1988, no governo Sarney, a reduzir drasticamente tarifas e impostos de importação. Era o início da transformação de toda uma estrutura institucional originada da Lei nº 3244 de 1957, que definiu a lista tarifária e criou a agência de governo encarregada do setor, o Conselho de Política

Aduaneira. O Conselho, transformado em 1979 em Comissão, coordenava um sistema não somente de alíquotas elevadas, mas também de regimes especiais de importação, assumindo um papel fundamental no modelo de desenvolvimento econômico adotado pelo país na época.

Afinal, o "desenvolvimentismo", o conceito-chave que organizou o pensamento econômico dos anos 1950 no Brasil, pregava contra o paradigma clássico liberal do século XIX, com a premissa de que não seria possível alcançar a industrialização por intermédio das forças "espontâneas" do mercado. Nesse sentido, os desenvolvimentistas defendiam um modelo de industrialização planejada pelo Estado como via de superação da pobreza, do subdesenvolvimento e da condição periférica.

Com isso, o planejamento era uma peça fundamental, que definia a prioridade da alocação de recursos e incentivos, com o objetivo deliberado de expansão de determinados setores industriais. No processo, o Estado ordenaria a execução do plano, favorecendo os setores considerados estratégicos, em especial aqueles onde a iniciativa privada era insuficiente. O desenvolvimentismo trazia, assim, uma proposta política para os países subdesenvolvidos, isto é, a de se industrializar como meio de superar a pobreza e a dependência, fortalecendo a soberania e a autonomia nacionais. Tudo isso acabaria por ocupar o lugar da interdependência pregada pelos ideólogos do regime econômico anterior, a chamada Era de Ouro do capitalismo global.

Nesse sentido, além da intervenção direta do Estado na economia, a industrialização desenvolvimentista orientava as relações econômicas internacionais do país, com controles e regras para o comércio exterior e o investimento estrangeiro. Ao mesmo tempo, o desenvolvimentismo informava a própria política externa brasileira. Afinal, independência e interdependência constituíam um debate permeado de ideais de soberania, com graus diferentes de integração ao ambiente político e econômico internacional.

No Brasil, a partir de 1949, um sistema de "licenças prévias" passou a ser utilizado, por exemplo, como instrumento consciente de substituição de importações. Medidas discriminatórias à importação de bens de consumo, em especial daqueles com similar nacional, foram implementadas, gerando um estímulo considerável à implantação interna de indústrias substitutivas. Dessa forma, a industrialização planejada produzia um duplo incentivo aos industriais, facilidade de crédito e proteção de mercado. Como parte do projeto, o crédito à indústria brasileira explodiu no fim dos anos 1940, com os financiamentos oferecidos pelo Banco do Brasil. Cresceu 38% em 1947, 19% em 1948 e 28% em 1949. Não à toa, essa foi a fase da implementação das indústrias de aparelhos domésticos e outros artefatos de consumo durável no país.

Com o seu Plano de Metas, o governo Juscelino Kubitschek (1956-1961), em especial, caracterizou-se por um comprometimento integral do setor público com a política de desenvolvimento vigente. Naquele momento, a economia cresceu a taxas aceleradas, em meio a um ambiente político relativamente aberto e democrático, e as manipulações da taxa de câmbio e imposição de cotas, tarifas e impostos de importação e exportação formavam o conjunto principal de estratégias operacionais.

Na reforma de agosto de 1957, tarifas protecionistas de até 150% foram implementadas pelo Conselho de Política Aduaneira, desta vez no intuito de substituir a importação de bens de capital, equipamentos para a produção industrial. Nesse segundo momento do processo, diminuía-se a ênfase dada em anos anteriores à substituição de bens de consumo. A reforma tornou a importação de bens de capital mais cara e manteve taxas favoráveis à importação dos chamados bens de capital--capital: máquinas e matérias-primas que fossem necessárias à produção de equipamentos. Assim, a indústria brasileira de bens de capital cresceu em média 26,4% ao ano entre 1955 e 1960, em grande parte devido ao setor de transportes (automotivo). A reforma de 1957, portanto, implicou um aprofundamento no processo de substituição de importações, na medida em que o Brasil alcançava estágios mais avançados de industrialização.

Nesse mesmo momento, no entanto, já apareceriam os problemas que mais tarde se tornariam crônicos e exigiriam uma mudança completa de rumo. Se no período 1957-1961 o Produto Interno Bruto (PIB) brasileiro se elevou à taxa anual de 8,2%, com um aumento da renda *per capita* de 5,1% ao ano, a inflação média no mesmo período foi de 22,6%. Além disso, os fortes déficits no Balanço de Pagamentos geravam reduções abruptas na capacidade do país de importar, e o preço do café, ainda o principal produto exportado, passou a cair de maneira constante a partir de 1955.

Igualmente negativa foi, por exemplo, a ausência de definição dos mecanismos de financiamento que seriam utilizados para viabilizar o Plano de Metas no governo JK. Segundo alguns autores, a elevação da carga tributária poderia ter sido uma solução, mas encontrava forte resistência política. Com isso, foi levado à frente um tipo de financiamento inflacionário, via expansão da base monetária.

Nesse contexto, o governo JK foi obrigado a lançar já em 1958, apenas dois anos depois da posse, sua primeira tentativa de conter o processo expansionista, ou seja, o Programa de Estabilização Monetária (PEM). A ideia era limitar a expansão dos meios de pagamento ao nível necessário para o crescimento, com vistas a assegurar um grau razoável de estabilidade nos preços internos e o reequilíbrio do Balanço de Pagamentos. Entretanto, a estratégia gradual do plano não deu certo e, em dezembro de 1962, já no governo João Goulart, outra tentativa foi apresentada, o Plano Trienal de Desenvolvimento Econômico e Social, elaborado e chefiado por Celso Furtado, ministro-extraordinário do Desenvolvimento Econômico.

Apesar de concebidas por Celso Furtado, economista brasileiro ligado à Comissão Econômica para a América Latina e o Caribe (Cepal) – *think tank* do desenvolvimentismo no continente –, o Plano Trienal se caracterizou por um diagnóstico bastante ortodoxo da aceleração inflacionária, enfatizando a demanda excessiva gerada pelo descontrole dos gastos públicos. Dessa forma, o Plano previu corte de subsídios, correção de preços defasados, como do trigo e dos derivados do petróleo, redução do déficit público, controle da expansão do crédito ao setor privado e aumento do depósito compulsório dos bancos de 24% para 28%, além do escalonamento da dívida externa. As ações foram amplamente atacadas por setores mais à esquerda, que denunciavam o caráter recessivo da política econômica e a submissão da nação aos interesses das potências estrangeiras. Nesse contexto acirrado, o governo João Goulart imediatamente desistiu de seus primeiros esforços de conciliação das "reformas de base" com a estabilização.

Com a pressão política, os subsídios à importação de trigo e petróleo foram retomados, juntamente com um aumento de salário de 60% ao funcionalismo público. O salário mínimo foi reajustado em 56,25% e o nível de empréstimos subiu expressivamente, mas a economia sofreu uma ampla desaceleração. Se o crescimento do PIB brasileiro foi de 6,6% em 1962, não passou de 0,6% em 1963.

Apesar dos problemas, o projeto brasileiro de desenvolvimento seguiu em frente e mostrou resultados, pelo menos até o final dos anos 1970. O regime militar não modificou a estratégia senão em alguns poucos momentos e o governo de Ernesto Geisel, ex-presidente da Petrobras, de fato, se tornou um verdadeiro símbolo do desenvolvimentismo, ao implementar o seu II Plano Nacional de Desenvolvimento, em 1974. Ao fim, o Brasil passou a fazer parte do rol das dez maiores economias do mundo, saindo em poucas décadas de uma situação dependente da exportação de produtos agrários para uma das mais importantes nações industriais do planeta.

Dessa forma, entende-se por que, em 1989, não só de tarifas vivia o regime comercial brasileiro. Incidiam sobre a atividade importadora tributos, como o Imposto sobre Operações de Crédito, Câmbio e Seguro, a Taxa de Melhoramento dos Portos e o Adicional de Frete para Renovação da Marinha Mercante. As chamadas barreiras não tarifárias eram amplamente utilizadas e guias de importação poderiam ser suspensas a qualquer momento. Alguns produtos necessitavam de autorizações prévias para importação, como bens da indústria siderúrgica e de informática, e havia cotas anuais de importação para as empresas.

Paralelamente, 42 regimes especiais de importação garantiam isenção ou redução de impostos em determinados casos. A ideia nunca foi suspender as importações, mas prover o mercado de uma importação que atendesse às necessidades da indústria local, não prejudicasse o produtor nacional e muito menos as contas do Estado. Com isso, os regimes especiais de importação alcançaram quase 67% das compras externas brasileiras em 1985.

Na verdade, as tarifas reais e as praticadas eram muito diferentes. Enquanto a tarifa média paga pelo setor industrial em 1984 era de 90%, a efetiva, paga por quem realmente conseguia importar, era de 19%. O Plano de Concessão de Incentivos Fiscais e Programas Especiais para Exportação, por exemplo, o conhecido Befiex, implementado em maio de 1972, permitia a certas empresas importar bens de capital, peças, equipamentos, componentes, matérias-primas e outros produtos intermediários com redução ou isenção de tributos, desde que as compras estivessem voltadas para a atividade exportadora. Assim, cerca de 70% das importações brasileiras em meados dos anos 1980 eram feitas por intermédio do Befiex.

Apesar do controle, o crescimento do comércio internacional brasileiro foi constante nas últimas décadas do século XX. O Brasil chegou a 1980 importando muito mais do que nos anos 1950, depois de um movimento claro de internacionalização que ocorreu entre meados dos anos 1960 e o início dos anos 1980, quando a crise da dívida atacou as contas externas do país. O Brasil importou US$ 2,5 bilhões em 1970, US$ 22 bilhões em 1980, quase US$ 50 bilhões em 1995, mais de US$ 90 bilhões em 2006 e mais de US$ 170 bilhões em 2008.

Nas exportações, a mudança foi mais gradual. As vendas cresceram apenas 4% entre 1953 e 1965, mas aumentaram significativamente a partir daí: US$ 2,7 bilhões em 1970, US$ 20 bilhões em 1980, US$ 31 bilhões em 1990 e US$ 73 bilhões em 2003. Além disso, nesse período, a composição da pauta mudou, tornando-se mais industrializada. Enquanto os industrializados representavam apenas 25% dos produtos exportados em 1970, trinta anos depois correspondiam a quase 75%.

Mesmo assim, apesar da internacionalização crescente experimentada pela economia brasileira entre 1965 e o início dos anos 1980, a grande reforma nas relações econômicas internacionais do país ocorreu somente no fim do século. No comércio, a expressão principal da mudança foi a redução tarifária. Um processo de liberalização comercial começou a ser implementado em 1988 e ocorreu em três ondas: a primeira, em 1988-89, quando a tarifa média nominal[3] de 57,5% foi reduzida para 32,5%; a segunda, mais significativa, em 1991-93, quando a mesma tarifa caiu para 13,5%, acompanhada de redução acentuada das barreiras não tarifárias; e a terceira, em 1994, no início do Plano Real, quando a tarifa média nominal chegou a 11,2%.

Nas importações, houve nitidamente uma mudança de paradigma. Durante o interregno Fernando Collor, por exemplo, foi abolida uma lista com quase 1.300 itens cujas importações eram proibidas, e um novo sistema de comércio, somente tarifário, começou a vigorar no Brasil, em maio de 1990. Na lista dos bens liberados estavam automóveis, eletrodomésticos, eletroeletrônicos, produtos químicos, óculos, relógios e brinquedos. Em julho, foram extintos todos os programas especiais de importação. A reforma seguiu em frente e todos os produtos importados tiveram reduções graduais nas suas alíquotas ao longo de quatro anos, para uma média de 20%, e não de 40%, como vigorava. As exceções foram os produtos de informática e tecnologia de ponta.

Nas finanças, o investimento estrangeiro, que sempre teve participação importante na economia brasileira desde os anos 1950, explodiu a partir da primeira metade da década de 1990. Passou de um volume próximo a US$ 13 milhões nos anos 1940 para US$ 102 milhões nos anos 1950. Chegou a pouco mais de US$ 2 bilhões de média anual no início dos anos

---

[3] A diferença entre o preço interno e o preço externo tarifado.

1990, aumentou para US$ 12 bilhões em 1995 e superou os US$ 40 bilhões no ano 2000.

Nesse contexto de transformação financeira, há também os investimentos estrangeiros em bolsa, que causavam uma verdadeira revolução na economia dos países emergentes na virada do século. Se em 1986 o valor total de investimentos estrangeiros nas bolsas dos países emergentes não passava de US$ 700 milhões, em 1993 esse mesmo valor alcançaria a cifra de US$ 48,5 bilhões. No meio desse furacão, alimentado por políticas macroeconômicas de estabilização, pela evolução da liquidez internacional, mas também por novos caminhos institucionais abertos à entrada de capitais, como as sociedades de investimento, os fundos de investimento, as carteiras de valores mobiliários, os fundos de renda fixa, os contratos de câmbio etc., ocorreu uma expansão significativa na capitalização do mercado brasileiro. O valor total das companhias brasileiras negociadas em bolsa cresceu noventa pontos percentuais entre 1983 e 1993.

A política externa brasileira também sofreu, no fim do século XX, uma mudança significativa de perfil. Alguns estudos do campo afirmam que a etapa inaugurada em 1990 corresponde, de fato, "à ruptura de um consenso". Transformações externas e internas afetariam a base de sustentação e legitimação do modelo dominante. O novo contexto incluía o fim da Guerra Fria, a globalização e o esgotamento do paradigma tradicional de desenvolvimento. Além disso, havia o próprio processo de redemocratização do país.

O Brasil assumiu, assim, a responsabilidade de atualizar sua agenda internacional de acordo com as novas questões e o novo momento pelo qual o mundo passava. A mudança incluiria, por exemplo, a aceitação do país aos padrões internacionais de meio ambiente, propriedade intelectual e proliferação nuclear. Nesse contexto, o Brasil hospedou no Rio de Janeiro a Conferência das Nações Unidas sobre Meio Ambiente e Desenvolvimento, a Eco-92, e assinou o acordo que criou a Agência Brasileiro-Argentina de Contabilidade e Controle de Materiais Nucleares, em 1991. Além disso, comprometeu-se com o Acordo Nuclear Quadripartite de Salvaguardas, em dezembro de 1991, aprovado no Senado em fevereiro de 1994, e assinou o Tratado para Proscrição de Armas Nucleares na América Latina, mais conhecido como Tratado de Tlatelolco, ratificado em agosto de 1994. O país também ingressou no Regime das Nações Unidas de Controle de Tecnologia de Mísseis, em 27 de outubro de 1995.

A transformação é clara. Até o fim do governo José Sarney, a política externa brasileira tendia a tomar posições consonantes com aquelas do G-77 e, em certa medida, ainda expressava características da postura independente da era Jânio Quadros-João Goulart, como no reatamento das relações diplomáticas com Cuba, em 1986, e nas trocas comerciais realizadas com o Iraque de Saddam Hussein. A partir de 1989 e ao longo dos anos 1990, no entanto, o Brasil passou a mostrar um novo comportamento de política externa em temas antes sensíveis ao país, uma nova política de comércio internacional de tarifas mais baixas, praticamente desprovida de barreiras não tarifárias, uma nova política industrial e um novo Código de Propriedade Industrial. A intenção declarada era retirar o controle direto do Estado sobre certos setores da economia e retomar as negociações da dívida externa em um novo patamar.

O debate

A partir das premissas de que o ano de 1989 guardaria um debate político precioso no Brasil e de que o país e o mundo se transformaram de maneira radical mais ou menos a partir desse momento, o leitor é convidado aqui a acompanhar o relato de uma expedição. Um tipo de arqueologia simbólica, cultural, sobre um período específico da história política brasileira. Uma busca pelas ideias expressadas na época e que estariam por trás das mudanças ocorridas nas últimas décadas do século XX e início do século XXI no país. Algo como a procura de uma tradição.

O professor Mark Blyth, cientista político da Universidade Brown, nos Estados Unidos, sugere pelo menos cinco maneiras pelas quais as ideias podem provocar mudanças políticas e institucionais importantes. Blyth afirma que, em períodos de crise, como a do Brasil e dos países da Europa Oriental em 1989, ideias podem reduzir as incertezas do momento. Explicações ou narrativas explicativas são um pré-requisito fundamental para a ação, pois ajudam os agentes a compreender o contexto, a entender o momento.

Ideias também propiciam a ação coletiva. Sem elas, não é possível construir consensos. Coalizões se formam em torno de ideias. Por meio delas, os agentes definem constantemente seus interesses e suas posições, cujo processo possibilita os alinhamentos políticos ou as múltiplas identidades, visões e posições que se cruzam no âmbito social da política.

Ao mesmo tempo, ideias apontam novos caminhos. Provêm os agentes do modelo a ser posto em prática, da forma da ação política, por meio da qual novos significados são construídos, uma nova realidade política se constitui.

Finalmente, ideias geram estabilidade ao modelo concebido. Permitem convenções que facilitam a coordenação das expectativas e garantem a estabilidade do sistema. Como afirma a professora Nina Tannenwald, também da Universidade Brown, ideias atuam politicamente ao "constituir o entendimento e a descrição das situações e ajudar no processo decisório".

Em busca de ideias, esta pesquisa reuniu artigos e editoriais publicados durante o ano de 1989 nos jornais *Folha de S. Paulo* e *O Globo*, sobre a situação do país e o contexto de transformação internacional da época. Com a leitura desses textos, o objetivo foi buscar as definições do contexto, da situação, a origem dos problemas, os alvos políticos do momento, as ideias políticas em posição defensiva e as soluções apresentadas para o país. Assim, este trabalho consiste de uma "sociologia interpretativa", uma análise ou interpretação dos sentidos que as pessoas apresentam no momento da ação.

No entanto, nenhuma pesquisa pode ter a pretensão de levantar todo o pensamento político de uma época. É claro que, ao escolher um material publicado por duas grandes mídias, os jornais *O Globo* e *Folha de S. Paulo*, parte-se do pressuposto de que as ideias encontradas já passaram por algum tipo de filtro ou processo de seleção. A fala ou o conjunto de falas aqui selecionadas se constitui de apenas uma pequena parte do conflito político discursivo de 1989, mas nem por isso pouco importante.

Em primeiro lugar porque a política, em uma sociedade marcada pela presença dos meios de comunicação de massa, não existe como uma realidade que se desenvolve fora da mídia, a ser coberta por jornalistas. Como afirma o professor Peter Dahlgren, da Universidade de Lund, na Suécia, a política, em uma sociedade marcada pela comunicação de massa, é cada vez mais "organizada como um fenômeno midiático, planejado e executado para e em cooperação com a mídia".

O fato é que se a cultura pode ser percebida como um conjunto de práticas sociais pelas quais sentidos e significados do real são produzidos, circulados, trocados e compartilhados na sociedade, a mídia de massa, sem dúvida alguma, goza hoje em nossas sociedades de um papel de peso na mediação desse processo. Luís Felipe Miguel e Flávia Biroli, pesquisadores de Comunicação e Política no Brasil, sugerem que a mídia é um "espaço privilegiado de difusão de representações do mundo social". A luta pela definição da realidade é um conflito eminentemente político e a mídia é uma grande arena onde significados sociais são disputados.

Sobre esse ponto, o professor Douglas Kellner, da Universidade da Califórnia, em Los Angeles, afirma que as sociedades marcadas pela comunicação de massa apresentam uma "cultura da mídia", que atua na construção do dia a dia, dominando o lazer, moldando visões políticas e comportamentos sociais e provendo às pessoas o material a partir do qual elas podem formar suas próprias identidades. Ao fim, trata-se de um elemento fundamental do processo pelo qual indivíduos constroem os significados da realidade ao redor, ou a própria realidade.

Além disso, outras particularidades das seções de opinião de um grande jornal favorecem a representatividade do material reunido. Apesar do controle da empresa midiática sobre temas e abordagens, representado não somente pelo editor, mas também pelo conselho editorial, há uma relativa pluralidade inerente ao próprio espaço da opinião.

O professor emérito da Universidade de São Paulo José Marques de Melo, por exemplo, definiu a seção de opinião de um jornal como uma arena onde se apresentam vários tipos de agentes: a empresa, com os editoriais; os jornalistas, com as colunas e os comentários; os colaboradores fixos ou esporádicos, com seus artigos; os leitores, com as cartas; e os chargistas, com desenhos, ilustrações e caricaturas. Para José Marques de Melo, o artigo, por exemplo, "é o gênero que democratiza a opinião no jornalismo", tornando-a não um privilégio da instituição jornalística e de seus profissionais, mas um espaço aberto ao acesso e à participação de agentes de fora da redação.

Nesse sentido, *O Globo* e *Folha de S. Paulo* são veículos tradicionais que, junto com *O Estado de S. Paulo*, formam o núcleo central da imprensa brasileira influente. Os três jornais são representantes de peso do debate político de alcance nacional e trabalham com formatos extensos de opinião, que possibilitam, teoricamente, mais aprofundamento na exposição das ideias que outras mídias de periodicidade semelhante. Na verdade, a opção pelo texto impresso e de opinião parte do princípio de que muitas vezes é o jornal escrito uma das principais referências do debate político para os profissionais da política e até mesmo para produtores de notícias baseados em outras mídias, como a televisão e o rádio.

Com tudo isso em mente, foi possível detectar no debate da época uma percepção generalizada de que o país vivia uma crise sem precedentes em sua história, com os problemas da inflação, da dívida externa e da corrupção política e social. Ao mesmo tempo, o ambiente global aparecia em estado de completa ebulição, com o fim da Guerra Fria, os desenvolvimentos tecnológicos e os processos de integração internacional das economias, a globalização. Nesse contexto efervescente, surge uma discussão sobre o próprio Estado brasileiro, um debate feito em meio a uma disputa política conturbada, a primeira eleição direta para presidente após o regime militar, e marcado por amplas propostas de reforma do Estado e de suas relações com o mundo, o mercado e a sociedade. Dadas as mudanças que ocorreram no Brasil e no mundo, a partir daquele momento, essas ideias são, para este trabalho, nada mais, nada menos que um fragmento precioso de nossa tradição política.

A crise

Uma das primeiras e grandes preocupações no início do ano de 1989 era a possibilidade de uma nova crise cambial. O trauma do início da década e da Crise da Dívida ainda não havia arrefecido. Um editorial do jornal *O Globo* publicado em 30 de janeiro, por exemplo, trata a questão cambial como "o fator que desencadeou a maioria das crises econômicas na história econômica recente do Brasil".

Desde o início da década de 1980, o Brasil vivia sob a ameaça de uma nova crise cambial. O ajuste da taxa de câmbio para baixo impulsionara as exportações, mas o programa anti-inflacionário da época, o Plano Verão, havia fracassado. O editorial, nesse contexto, reforça o descrédito com a situação: "Embora haja o compromisso do presidente da República de que as despesas do governo ficarão equilibradas com a receita, os agentes não parecem acreditar no controle monetário."

A interpretação associava o problema do câmbio à inflação e ao déficit público. O argumento em prol do controle monetário, por exemplo, era mais forte desde o Plano Cruzado, quando desfez-se a ideia de que congelamentos seriam suficientes para garantir a estabilidade dos preços. Agora, no entanto, era preciso também controlar o déficit público e estabilizar o câmbio.

Paralelamente, havia um certo consenso de que os problemas das relações econômicas internacionais do país estavam associados ao estrangulamento financeiro do início da década. Em artigo publicado em 16 de julho, Hermann Wever, presidente da Siemens e vice-presidente da Associação Brasileira para o Desenvolvimento da Indústria de Base, tocou nesse assunto, ressaltando a queda do investimento europeu no Brasil: "É bastante claro que a eclosão do problema da dívida externa dos países em desenvolvimento em setembro de 1982 foi fator inibidor do crescimento econômico nos últimos anos", afirmou.

Maria da Conceição Tavares, em um artigo de 2 de agosto, publicado na *Folha de S. Paulo*, chamou atenção para as "mudanças dramáticas das condições de financiamento externo a partir do período 1979-82". Segundo a economista, um consenso sobre a "raiz da aceleração inflacionária ocorrida na década de 1980" na América Latina.

Em editorial de 22 de janeiro intitulado "Renegociar a dívida", a *Folha de S. Paulo* também ressaltou o "papel das constrições externas". Segundo o periódico paulista, a questão da dívida externa vinha conduzindo o país a uma situação "insustentável".

De modo semelhante, o então deputado federal pelo Partido dos Trabalhadores (PT) Luiz Inácio Lula da Silva apontou para o problema da dívida externa, em artigo publicado em 9 de janeiro de 1989: "Sem uma saída justa para o drama da dívida, será impossível superar o flagelo da fome, do desemprego." O assunto foi novamente abordado pelo futuro presidente em artigo publicado em 23 de janeiro. "É pena que o presidente Sarney não tenha se dado conta de que, sem atacar a praga da dívida externa, não há solução para a crise econômica, para a inflação, para a fome, para o analfabetismo e para a miséria."

O mesmo tema foi levantado novamente por Lula, em 20 de fevereiro:

> Sufocado por um governo incapaz, humilhado por uma elite insaciável, o povo brasileiro pagou mais de US$ 5 bilhões só em juros da dívida externa durante o atual governo. Se a socie-

dade civil não reagir à progressiva deterioração do quadro político, econômico e social, vai-se criando o clima para generais de pijama abrirem seus armários e espalharem fantasmas golpistas em nome de convergências democráticas.

Mesmo após o pico do início da década de 1980, a dívida ainda atormentava os brasileiros. Em um editorial de 27 de julho de 1989, a *Folha de S. Paulo* apontou para a "incapacidade" do governo José Sarney, em seu último ano, de lidar com o problema:

> As dificuldades enfrentadas pelo Brasil na tentativa de acertar um acordo de transição com o Fundo Monetário Internacional surgem como decorrência previsível do descrédito do atual governo. A incapacidade do Executivo e do Congresso de tomar iniciativas que apontem para uma redefinição mais ampla da economia brasileira se reflete, assim, em novos e angustiantes focos de pressão no setor externo, tendendo a agravar ainda mais os obstáculos à retomada do desenvolvimento e à estabilização da moeda.

Ainda assim, em 1989, descontrole público, dívida externa e crise cambial não são tudo no "estado das coisas". A crise era percebida como sem precedentes na história do país. O então deputado federal Fernando Gasparian, do Partido do Movimento Democrático Brasileiro (PMDB) de São Paulo, escreveu em março de 1989 que o Brasil atravessava "a pior crise de sua história".

Gasparian ressaltou, por exemplo, o "baixíssimo" histórico de crescimento do PIB brasileiro: média de 2,4% ao ano entre 1980 e 1988, com uma elevação anual da renda *per capita* de 0,2%, no mesmo período. O deputado deu destaque também à inflação média anual, que no período havia chegado, segundo afirma, a 272%, com o pico de 994%, em 1988.

Na verdade, logo em 1º de janeiro de 1989 a *Folha de S. Paulo* chamou atenção para o ambiente de crise: "Os dois últimos trimestres de 1988 foram capazes de reverter a queda que vinha se verificando nos dois anos anteriores, superando, ainda que timidamente, as tendências contracionistas observadas até meados de 1988", afirmou o jornal. "Mesmo assim, o ano que se encerra marca a pior performance da economia brasileira desde 1983."

A simultaneidade entre a crise, a transformação no mundo e as eleições gerou, obviamente, uma percepção muito forte de que o Brasil teria que mudar de rumo. "A eleição presidencial de 15 de novembro assume uma particular importância por causa da enorme crise em que está mergulhado o nosso país", escreveu o jurista Márcio Thomaz Bastos, futuro ministro da Justiça (2003-2007), em artigo publicado na *Folha de S. Paulo* em fevereiro de 1989.

Para Thomaz Bastos, a crise tinha origem nas brechas deixadas pelo "trabalho constitucional" de 1988, na "falência dos servidores públicos de uma forma geral", no fato de que "o Estado não consegue mais assegurar a ordem pública dentro do princípio da igualdade de todos perante a lei", e era impulsionada pelo "tamanho e características" que o Estado brasileiro havia adquirido, e que exigiriam uma "reavaliação a fundo do seu papel".

A crise gerava uma sensação de descaminho, de uma nação sem rumo. A percepção está, por exemplo, em um editorial da *Folha de S. Paulo* sobre o encontro do influente Fórum Nacional, em 1989. Segundo o jornal paulista, o "diagnóstico unânime a que chegaram os participantes foi o de um país sem projeto". O texto reforça a necessidade de se transformar a relação entre o Estado e o mercado no Brasil: "A crise do atual modelo de intervenção governamental sobre a economia manifesta-se com clareza, à medida que se esgotou o potencial investidor do poder público, o papel de incentivador do desenvolvimento econômico que teve a partir de 1930."

Em 1989, havia na imprensa um forte sentimento de corrupção social. Em março, João Gilberto Lucas Coelho, ex-deputado federal pelo PMDB do Rio Grande do Sul que migrou para o Partido da Social Democracia Brasileira (PSDB) no período de formação da legenda, sugeriu que os servidores públicos haviam perdido "a noção de suas funções". Para ele, os funcionários se consideravam "empregados do presidente, governador ou diretor, todos esses meros intermediários ou gerentes da coisa pública". A "essencial visão da função pública como patrimônio a serviço de toda uma coletividade" estava comprometida.

O candidato à presidência Fernando Collor de Mello também foi um grande propagador da crise. Em artigo publicado no jornal *O Globo*, em maio de 1989, ele apontou para o contexto sombrio da época: "A dimensão da crise por que passa o Brasil nos últimos anos, de natureza moral, social, política e econômica, tem, infelizmente, provocado a polarização 'ideológica' a respeito de temas importantes de uma forma que obscurece o debate e em nada contribui para a solução dos graves problemas nacionais."

O momento político era intenso e levava o debate diretamente para as questões relativas ao Estado, como fez a *Folha de S. Paulo*, em um editorial de 13 de setembro de 1989. Neste mesmo dia, o jornal noticiou a decisão da Hungria de abrir suas fronteiras para o Ocidente.

Representativamente intitulado "Estado contra Estado", o texto definiu o contexto: "A crise do Estado em seu conjunto aparece com especial evidência". Para o jornal, não se resolveria "a série de dificuldades e estrangulamentos criados pelos subsídios estatais e pela ineficiência do setor público sem uma reforma profunda em todo o padrão de interferência do Estado na economia".

A tônica desse debate passava pelo processo de redemocratização, pela crise e pela necessidade de mudança. Tratava-se de um "momento crítico de transição política e econômica", como escreveu Leo Wallace Cochrane Júnior, então presidente das duas principais associações dos bancos brasileiros (Febraban e Fenaban), em 7 de julho de 1989: "A economia não cresce, o capital estrangeiro está fugindo, vivemos à beira da hiperinflação, a taxa de investimento é quase nula, a dívida externa volta a ser o antigo fantasma. Mais do que isso, o cidadão está pessimista quanto ao futuro, as organizações políticas e sociais se perdem em conflitos estéreis e a nação esqueceu-se de como crescer." Para Cochrane Júnior, a "agenda mínima" para se lidar com a crise incluía "a resolução do binômio déficit público-inflação, novas formas de integração do Brasil na economia internacional (na área de comércio e de capitais) e um aumento expressivo da eficiência da máquina burocrática". Tudo dentro de um quadro de "intensas transformações tecnológicas" e de "crescente integração da economia mundial".

O mundo em transformação

Paralelamente às ideias de que o país vivia à beira de um abismo e de que precisava urgentemente de uma mudança de rumo está a percepção sobre as transformações que vinham ocorrendo no ambiente internacional. O "mundo em transformação" era um tema constante da época e assumiu várias funções no discurso político.

Em editorial de 29 de setembro de 1989, a *Folha de S. Paulo*, por exemplo, atacou "as esquerdas" brasileiras, apontando nelas uma tendência "para a irracionalidade e o anacronismo". Segundo o jornal, "enquanto a URSS de Gorbachev procura agilizar sua estrutura econômica, inclinando-se mais e mais para os mecanismos de mercado, a esquerda brasileira parece inscrever-se no círculo restrito dos que, de Cuba à Albânia, são os últimos a defender um modelo ultrapassado pelo tempo".

A discussão recaía, assim, sobre a qualidade (existencial) do Estado brasileiro: "Há inúmeras formas de promover uma mudança no papel do Estado; estratégias de privatização podem contemplar, por exemplo, a participação dos trabalhadores no controle acionário das empresas. A reversão de um sistema baseado na tutela do Estado sobre a economia pode dar lugar a um modelo liberal clássico ou a um reforço do seu papel de promotor da justiça social", afirmou a *Folha*.

Em referência à crise dos regimes comunistas, o contexto é trazido à tona para se afirmar a inadequação do controle excessivo do Estado sobre a economia, algo que fazia parte de todo um questionamento mais amplo sobre a própria relação do Estado com a sociedade brasileira.

Em 1989, um dos mais notórios expoentes dessa linha era o economista e diplomata brasileiro Roberto Campos. Em um artigo publicado em 10 de setembro de 1989, Campos afirmou: "A estrondosa falência do regime comunista tornou possível desenhar nos países em desenvolvimento cenários socioeconômicos e políticos menos problemáticos."

Segundo ele,

> as greves de Gdansk, de 1980, deram origem ao poderoso movimento Solidariedade, abalando a Polônia, país-chave no quadro do militarismo soviético; o avanço da economia de mercado na Hungria revelou a falácia administrativa dos partidos comunistas; na Tchecoslováquia, manifestações populares, sob a bandeira das reivindicações políticas liberais, propagaram desde a Primavera de Praga a descrença no regime salvacionista; na China continental, os próprios dirigentes comunistas proclamaram o sepultamento da doutrina marxista.

A expressão da transformação global na América Latina, por esse viés, seria a derrocada dos modelos de desenvolvimento vigentes na região. Percebido como país pioneiro nesse terreno, o Chile, por exemplo, reduzia os índices inflacionários e os graus de estatização da economia ao mesmo tempo em que, no país, "florescia a economia de mercado". No México, Carlos Salinas empreendia uma política de controle de gastos públicos com privatização de grandes empresas estatais, promovendo "ampla abertura" para o exterior e "facilitando o ingresso de investimentos estrangeiros". Já na Venezuela, Carlos Andrés Pérez surpreendia seus "acólitos estatizantes" com um programa de recuperação que impôs "o realismo cambial, o equilíbrio orçamentário, a negociação do acordo com o Fundo Monetário Internacional e a procura de fórmulas de convivência com os credores externos".

No mesmo sentido, continuou Campos:

> A Bolívia debelou uma inflação que chegou a 24 mil por cento ao ano, enquanto a Argentina de Carlos Menem anunciou um vasto programa de desestatização, que abrange as ferrovias, a Yacimientos Petrolíferos Fiscales (a Petrobras de lá), a grande empresa estatal de telefones e outras. No Peru, as massas, decepcionadas nos últimos quatro anos com os resultados da administração de Alan García Pérez, aclamam o escritor liberal Mario Vargas Llosa como o futuro presidente do país.

"Que dizer do Brasil?", perguntava Roberto Campos. A associação entre a falência dos regimes comunistas, as crises econômicas nos países da América Latina e as transformações políticas e tecnológicas em andamento no mundo reforçavam em 1989 algumas ideias que ressoavam com força em um país não somente imerso em todo esse contexto, mas às vésperas da primeira eleição presidencial livre depois de vinte anos de regime militar. "Em nosso país, o extremado intervencionismo no domínio econômico provocou a falência do Estado. A alternativa, no Brasil, não é a instauração de um governo de esquerda, mas a aplicação rigorosa de um choque de liberalismo", afirmou Roberto Campos, na época.

A derrocada dos regimes comunistas acompanhava e reforçava os argumentos favoráveis às mudanças do papel do Estado na vida social e econômica do país. A ideia fica ainda mais clara em outro texto de Roberto Campos, de 31 de dezembro de 1989, uma avaliação do ano "admirável internacionalmente". No texto, Campos afirma que

> a miserável performance econômica que está na raiz do colapso da planificação centralista na Europa Oriental documenta algumas verdades tão simples como chocantes: sem lucro não há eficiência de gestão; sem incentivos individuais, destrói-se a

ética do trabalho; sem o direito à propriedade, o agricultor tem pouco ânimo para produzir; sem preços formados no mercado e não ditados pelo burocrata, os recursos são desperdiçados e o consumidor fica frustrado.

A transformação da experiência alheia em questão interna, ou seja, a paralelização de contextos e crises era alimentada pela ideia subentendida de que havia um mal comum, a regulação excessiva. Somada à percepção generalizada de crise, a crítica tornava-se um poderoso motor de mudança: "Enquanto não chegarem ao Brasil os ventos da economia de mercado, só nos resta esperar que os estatolatras não estejam afanosamente preparando o seu próximo erro", afirmou Roberto Campos.

Nesse contexto, o interno e o externo se misturavam, como mostra um editorial da *Folha de S. Paulo*, de 6 de outubro de 1989:

> Privatização ampla, racionalização do sistema tributário, fim de subsídios para empresas em estado pré-falimentar, liberdade para a aplicação dos lucros, estímulo à competitividade: são essas as linhas gerais de um pacote econômico que não foi imaginado por Margaret Thatcher, a ultraortodoxa governante britânica, mas proposto por Mikhail Gorbachev, no empenho de aprofundar significativamente a *perestroika*.

Nesse momento, terminologias eram questionadas:

> Só interessará a um reduzido grupo de militantes partidários a discussão de se, com essas medidas, Gorbachev pode ser considerado "de esquerda" ou se merece a qualificação de "direitista"; seria assunto de demorados debates, certamente, a questão de se, a continuar esse processo, a União Soviética deva ser qualificada de "socialista" ou "capitalista" – ou qualquer outra denominação que se prefira adotar. O fetichismo das termino-

logias talvez corresponda, apenas, à vulgaridade doutrinária de algumas correntes de opinião. Nada impede que uma política desburocratizante seja acompanhada de um fortalecimento do papel redistributivo do Estado; que uma estratégia de privatização seja acompanhada de maior participação dos empregados nos lucros; "esquerda" e "direita" são conceitos que não têm por que se referir exclusivamente às atitudes diante da presença do Estado no setor produtivo.

Crise interna e transformação externa. Em 27 de março de 1989, Lula perguntou na *Folha de S. Paulo*:

> Ver e sentir de perto outras experiências e as profundas mudanças que estão se processando na economia internacional fortalece nossa convicção de que são necessárias transformações estratégicas na sociedade brasileira. Os grandes blocos hegemônicos vão se configurando no interior dos países ricos do mundo capitalista neste final de século. No campo das economias socialistas, as transformações também são significativas: *glasnost*, *perestroika*, na URSS, "a retificação cubana"; e as reformas na China, com sentidos e perspectivas diferentes e marcados por um intenso debate ideológico, mas com imensa ousadia histórica. E a América Latina, para onde vai?

Próximo do fim do ano, Fernando Henrique Cardoso apontou para a inflação, as dívidas interna e externa, "que continuavam pressionando as finanças públicas", o desgoverno e a desigualdade social como "os reais desafios que o país enfrentará". Ao mesmo tempo, afirmou:

> É preciso reconhecer que o que aconteceu no plano internacional foi simplesmente espantoso. O "socialismo real" – e outro não existiu – caiu a golpes de martelo no Muro de Berlim e a golpes de fuzil na heroica Romênia. Esta realidade precisa ser encarada de frente pelos políticos e intelectuais brasileiros, so-

bretudo pelos que quiserem honrar sua condição de progressistas. É diante deste quadro novo que as forças políticas devem recomeçar a caminhada, com os pés no chão, sem grandes ilusões e sem covardia. Sem esta atitude renovadora nossa política continuará com èsse ar provinciano. E quem se arrogar ares de guardião puritano da ortodoxia progressista (assim como da conservadora) arriscará passar por bufão e não poderá expulsar os "vendilhões do templo" porque ninguém sabe mais que mito colocar no altar.

O isolamento

Em 1989, um dos principais alvos políticos no Brasil foi o "isolamento", isto é, a noção de que o país mantinha uma postura isolada dos fluxos comerciais, financeiros e tecnológicos da economia internacional. A ideia vinha tanto de agentes que reclamavam mais acesso a tecnologia e insumos mais baratos e de melhor qualidade, quanto de toda uma corrente que defendia as exportações como o grande veículo do desenvolvimento econômico brasileiro.

Um editorial da *Folha de S. Paulo* de 4 de janeiro – "O isolamento do Brasil" – é representativo desse ponto. "A tendência de liberalização econômica, que no último dia de 1992 encontrará seu apogeu com a integração europeia, também começa a se firmar nos países americanos", diz o texto. "É preciso uma profunda reflexão acerca da inserção do Brasil no contexto mundial."

O tema-chave do editorial era o Nafta (North American Free Trade Agreement). Estados Unidos e Canadá haviam assinado um acordo, em vigor desde 1º de janeiro de 1989, que determinava a redução progressiva das barreiras comerciais entre os dois países até sua extinção total em um prazo de dez anos. A *Folha de S. Paulo*, no entanto, chamou atenção também para Israel, que havia acabado de firmar acordos com a Comunidade Econômica Europeia. Tratava-se de uma "orientação econômica" que fatalmente, segundo o texto, se tornaria "dominante em todo o mundo nas próximas décadas" e ameaçava o Brasil "de se transformar numa economia ainda mais periférica".

Em março, Lula também apontou para o risco do Brasil ficar fora dos processos de integração econômica correntes.

"Novos espaços de coordenação de políticas, acima dos Estados nacionais, estão se fortalecendo e novos desafios se apresentam. Mas uma certeza podemos ter: se há riscos para os países que participam dessa aventura histórica, riscos muito maiores existem para os países que ficam fora."

Não só o contexto em torno dos blocos econômicos internacionais servia à defesa de um grau maior de integração, como havia também o combate ao protecionismo. O assunto foi tema de uma série de artigos de José Guilherme Merquior, nas edições de domingo do *Globo*, em março de 1989. Segundo Merquior, a proteção embutia uma "qualidade inibitória", produto da forte atuação do Estado na economia. "A proteção é ruim", escreveu, "conforme demonstrado no campeonato das industrializações pelo êxito espetacular dos países de comércio liberalizado, em contraste com os que insistiram no protecionismo".

Com base no trabalho do economista indiano Jagdish Bhagwati, o argumento de Merquior girava em torno da diferença entre promoção e proteção. A primeira, definida como apoio governamental mediante subvenção, não discrimina o comércio internacional e é considerada "altamente positiva":

> Nesta véspera de 1990, as atitudes em favor do livre comércio vão sendo estimuladas pelo evidente sucesso econômico das liberalizações efetivadas nos últimos decênios. Não encontro melhor maneira de concluir estas notas do que reproduzindo a bela citação que Jagdish Bhagwati foi buscar em Pareto: uma medida protecionista proporciona amplos benefícios a um pequeno número de pessoas e causa apenas uma pequena perda a um grande número de consumidores. Essa circunstância é que torna fácil adotar medidas protecionistas.

Nesse contexto, a diferenciação entre proteção e promoção qualificaria a atuação do Estado na economia. "Há Estados que orientam mais do que inibem os agentes econômicos, e Estados que inibem mais do que norteiam."

Em 1989, os modelos a serem seguidos vinham da Ásia. "O miolo do sucesso do capitalismo asiático é que, de maneira geral, os governos dos 'dragões', como a Coreia do Sul e Taiwan, preferem usar prescrições em vez de proscrições", escreveu Merquior.

Sobre outra nação-modelo, o economista-diplomata apresentou um debate entre Milton Friedman e Jagdish Bhagwati.

> Friedman caracterizou o Japão como um esplêndido exemplo de superioridade do mercado puro sobre a ação econômica do Estado. Mas Bhagwati replicou que, no Japão, a famosa "mão invisível" do mercado se combinava lindamente com uma visibilíssima presença da mão do governo. A diferença é que se trata de um planejamento superinteligente e não de um dirigismo burro, sem que o Estado atue como antítese da racionalidade econômica.

Ao contrário do que se prega normalmente, o ataque ao isolamento brasileiro, aos modelos de desenvolvimento e ao próprio Estado não necessariamente significava uma adoção cega e radical a princípios liberais irrestritos, receitados de fora para dentro. Em um artigo de 25 de junho de 1989, por exemplo, o embaixador Rubens Ricupero, representante do Brasil nas negociações de comércio internacional, ressaltou que "ao contrário dos anos 1950 e 1960, quando o Brasil crescia junto com o mundo e em parte carregado por ele", o país estava naquele momento estagnado "ou regredindo".

Para Ricupero, uma "adaptação" a um "novo contexto" seria necessária: "No Brasil, alguns acreditam estarmos ainda na segunda metade da década de 1950, quando, tendo-se completado em 1954 a recuperação econômica da Europa, as firmas europeias e americanas se lançaram a uma intensa competição para assegurar posições no interior dos mercados de países praticantes da política de substituição de importações."

A diferença, segundo o texto, é que, em 1989, o comércio internacional repetia "os melhores anos do pós-guerra" e se revelava "um dos fatores dinâmicos" que vinha impulsionando a economia mundial. Ao mesmo tempo, os ganhos dessa nova dinâmica pareciam concentrados nos três grandes parceiros mercantis – Alemanha, Japão e Estados Unidos –, nos tigres asiáticos e "um ou outro fora da Ásia", como o Brasil, que poderia lucrar com a situação. As "sombras", no entanto, capazes de inverter a tendência eram: "o protecionismo", "a formação dos blocos regionais ou bilaterais", "o unilateralismo agressivo" e "a tentação do comércio administrado".

Nessa mesma linha, por exemplo, está um texto de Jacques Eluf, membro do Conselho Superior de Comércio Exterior da Federação das Indústrias do Estado de São Paulo (Fiesp), publicado em 18 de janeiro de 1989. No artigo intitulado "Erro que pode ser fatal", Eluf qualificou o comércio exterior como "fonte de riqueza e progresso" e protestou contra os ataques ao modelo exportador que vinha sendo então implementado:

> Estas considerações vêm a propósito da sanha tributária que tomou conta do governo. De um lado, a preocupação da administração federal, que está procurando corrigir os erros da reforma tributária aprovada pela Assembleia Constituinte mediante a imposição de novos tributos e a eliminação de incentivos fiscais e creditícios que antes beneficiavam as exportações; de outro lado, a ameaça de governos estaduais de tributarem as exportações de produtos semimanufaturados, colocando em risco a capacidade de competição nos mercados internacionais de mais de US$ 12 bilhões de nossas exportações.

O raciocínio era voltado para os benefícios gerados pelo setor exportador. Segundo Eluf, a crise dos anos 1981-82 teria ocorrido por causa da grave situação externa, que conteve o avanço das exportações brasileiras. "Foi principalmente a queda das exportações em 1982 que aprofundou a crise no Brasil em 1983, produzindo recessão e desemprego", afirmou. "Em compensação, quando em 1984 as exportações passaram de US$ 22 bilhões para US$ 27 bilhões, com um aumento de 23%, a economia brasileira (PIB) cresceu 5,7% e a taxa de desemprego caiu para cerca de 4%."

Ainda segundo Eluf, no período de 1985-86 as autoridades "voltaram as costas para a exportação" e o resultado dessa "política equivocada" foi "a queda das vendas externas para US$ 22 bilhões em 1986", que iria "transbordar na perda do impulso do crescimento, a partir de 1987". Em seguida, em 1988, Eluf somou ao contexto o problema da "deterioração da situação política, os desmandos da administração pública, o descrédito do governo, a inflação galopante e a retração dos investimentos", que produziram "uma recessão *made in Brazil* que deveria lançar a economia brasileira no caos econômico e no desemprego mais penoso", se não fossem as exportações. "Surgiram então as exportações, que passaram de US$ 26 bilhões para US$ 33 bilhões anuais, com um crescimento de 27%: por isso, milhões de trabalhadores brasileiros continuaram trabalhando e não perderam seus empregos. Graças às exportações."

A opção de internacionalização seguia mais uma vez o modelo asiático. Escreveu Eluf:

> Um exemplo de progresso e desenvolvimento, via comércio internacional, é o do Japão, economia que permaneceu fechada e isolada do resto do mundo por vários séculos. Em 1950 – há menos de quatro décadas, portanto – o Japão exportava apenas

> US$ 150 milhões: 50% menos que o Brasil, aquela época com cerca de US$ 1,3 bilhão de exportação. A abertura do Japão para os mercados internacionais deu um extraordinário desenvolvimento à economia japonesa, que, hoje, exporta US$ 80 bilhões e registra o segundo maior produto interno do mundo. E o que se poderia dizer do exemplo que todos os dias nos vem de Coreia, Cingapura, Formosa e outros países do Leste Asiático?

Não há dúvidas de que, no Brasil, as exportações foram um forte mecanismo de geração de riqueza após a crise do Balanço de Pagamentos do início dos anos 1980. Entretanto, as vendas externas acabaram também se transformando em um alvo notório de tributação por parte de um governo com problemas fiscais. Além disso, eram atacadas como inflacionárias, já que diminuíam a oferta de produtos no mercado interno.

De todo modo, a posição pró-exportação impulsionou a "abertura", mesmo que em seu sentido próprio, específico. Basta ver, por exemplo, os artigos publicados no jornal *O Globo* por Carlos Alberto de Oliveira, que escrevia em nome da Confederação Nacional do Comércio. Em janeiro de 1989, ele comentou sobre o impacto positivo das exportações na economia americana:

> É contristador verificar que, enquanto nos Estados Unidos – e, de resto, em outros países adiantados – a exportação é incentivada e considerada atividade prioritária, entre nós ocorre o inverso. Em sua irresistível sina de andar na contramão da história, o Brasil passou a tratar a exportação como se fosse a principal fonte de seus males, a começar pela inflação. Na ânsia de desestimular e comprimir as exportações, foram cortados os seus créditos vitais e estão sendo criados impostos estaduais sobre as vendas ao exterior.

O clamor contrário ao "isolamento" também vinha de autoridades acadêmicas. "Qualquer que seja a estratégia escolhida pelo Brasil, o comércio exterior terá uma função importante", escreveram os economistas Mário Henrique Simonsen, Fernando de Holanda Barbosa, Antonio Salazar de Brandão e Clóvis de Faro, no artigo "O ICM e a política de comércio exterior", publicado em *O Globo*, em 8 de janeiro de 1989. Segundo os autores, a necessária modernização do parque industrial brasileiro exigiria uma presença maior de importados no setor de insumos e bens de capital. Como isso não poderia ser feito pela via do endividamento, em função da crise recente da dívida externa, "resta-nos, como alternativa, o crescimento das exportações". Com isso, era atacada a possibilidade dos estados da Federação cobrarem impostos nas vendas ao exterior, permitida a partir da Constituição de 1988: "Tal dispositivo está na contramão da formulação de uma política comercial para enfrentar os desafios do crescimento brasileiro", afirmaram os professores.

O imposto sobre a exportação foi também tema do presidente da Associação Nacional dos Fabricantes de Papel e Celulose, Horácio Cherkassky, que em fevereiro de 1989 publicou na imprensa um artigo protestando contra essa e outras medidas "contrárias ao comércio exterior":

> A tributação dos produtos chamados "semielaborados" acabará por afetar uma vasta gama de itens responsáveis por boa parte do ingresso de divisas em nossa diversificada pauta de exportação. Isso, justamente com barreiras internas, como a redução dos financiamentos à exportação no desmonte orçamentário e o projeto aprovado pelo Senado que institui uma tributação de 50% sobre mercadorias importadas ou exportadas será desastroso para o Brasil na medida em que reduz o poder de competitividade dos produtos de exportação.

Em março, Carlos Tavares de Oliveira, da Confederação Nacional do Comércio, atacou mais uma vez os impedimentos institucionais ao comércio internacional brasileiro. Para tanto, o modelo era a China: "Às vésperas do seu décimo aniversário, a política de abertura da economia chinesa, idealizada por Deng Xiaoping, continua, em seu conjunto, a apresentar saldos favoráveis, com a excepcional elevação do nível de vida da população."

O modelo exportador em xeque

Em 1989, os modelos econômicos vigentes eram outro alvo político importante. Isso pode ser facilmente percebido na ofensiva contra o "modelo exportador", adotado após a crise da dívida e em acordo com o FMI, e contra o próprio "modelo desenvolvimentista", hegemônico desde a Era Vargas.

Contra o modelo exportador, por exemplo, o jurista Dalmo Dallari escreveu na *Folha de S. Paulo*, em 29 de abril:

> Alguns supostos gênios da economia, usando linguagem recheada de expressões em inglês ou latim, entregaram a alma brasileira em troca de dólares "para promover o rápido desenvolvimento econômico". Com isso transformaram a especulação financeira, sem respaldo numa real produção de riqueza, no melhor negócio do Brasil. E para obter mais dinheiro e dar mais garantia aos agiotas internacionais, passaram a forçar a produção para a exportação, mandando para o exterior aquilo que é essencial para que os brasileiros vivam com um mínimo de dignidade.

Ataque semelhante foi feito pelo então deputado federal José Serra. Em artigo publicado na *Folha* em 6 de junho, Serra procurou desacreditar o "argumento tradicional" de que a dívida externa seria "fácil de pagar", dado que a ampliação da capacidade produtiva geraria "os recursos necessários para cobrir os juros". Segundo Serra, esse só seria o caso se "as taxas de juros fossem compatíveis com a rentabilidade dos investimentos", situação que ocorreu somente até 1978. A partir de então, teve início uma alta contínua dos juros, chegando a triplicar depois de 1983. O resultado, escreveu Serra, "foi um aumento de dois terços do estoque do débito brasileiro entre 1978 e 1982". Além disso, "as maxidesvalorizações cambiais em fim de 1979 e começo de 1983 elevaram fortemente, em cruzeiros, o peso da dívida externa". Dessa forma, produziu-se uma economia sem crescimento e um governo devedor, faminto por dólares e por arrecadação, e que está constantemente "entre cortar gastos ou se endividar".

Em 1989, o chamado "modelo exportador" recebia ataques também de setores mais à esquerda, pelo seu perfil escoador de divisas para o exterior. A posição, neste caso, é bem representada no artigo de Maria da Conceição Tavares, publicado na *Folha* em 2 de agosto daquele ano. No texto, Conceição Tavares reclama da "estatização da dívida externa, mesmo quando de origem privada"; das "políticas de ajuste ortodoxas, que implicaram transferência de recursos para o exterior"; do "aumento do endividamento interno por políticas monetárias com juros altíssimos"; e das "desvalorizações cambiais sucessivas." Para a economista, tudo isso conduzia "à insolvência financeira do Estado, agravada por uma crise fiscal decorrente da própria aceleração inflacionária". Nesse contexto, Conceição Tavares defendia uma postura mais rígida, acumuladora de reservas, como obrigatória para o reforço da posição do Brasil nas negociações com os credores e o FMI.

Do outro lado do espectro, em um artigo intitulado "O novo papel das exportações", publicado em *O Globo*, Fernando Collor de Mello reforça o teor de crítica ao modelo vigente. Segundo Collor, o Estado brasileiro havia respondido "à crise da dívida externa na década de 1980 com a promoção de um ajuste ortodoxo na forma preconizada pelo FMI". No entanto, completou:

> não há como negar que, dadas as características estruturais da economia brasileira, a geração de excedentes comerciais tem sido até agora incompatível com a retomada do crescimento. A

> queda do PIB em 1988 simultaneamente ao excepcional desempenho das exportações é suficiente para colocar em dúvida o potencial de alavancagem das exportações. O aumento das exportações é, antes de ser uma solução, apenas um sintoma da crise.

No Brasil, em 1989, havia uma percepção clara de que a crise da dívida externa havia produzido uma organização econômica específica que, para muitos, era motor da tragédia. Essa ofensiva articulava noções sobre o contexto interno e externo a alvos políticos específicos, que poderiam ser as instituições internacionais, como o FMI, ou mesmo os "banqueiros internacionais", e vinha tanto de Fernando Collor de Mello quanto de setores mais críticos à esquerda.

O deputado federal Vilson de Souza, do PSDB de Santa Catarina, publicou o texto "Os entraves ao desenvolvimento nacional" na *Folha de S. Paulo*, em 15 de agosto de 1989. Em seu argumento, Souza enalteceu o crescimento da economia brasileira nos períodos 1948-61 (7,1% ao ano) e 1967-80 (8,3% ao ano). Para o autor, o Brasil, em ambos os ciclos, experimentou práticas de juros baixos, que favoreceram os investimentos. No entanto, a política de "juros extorsivos" praticada no fim dos anos 1980 pelo governo Sarney, como parte de um programa de ajuste externo e interno, nada mais fazia, para o deputado federal tucano, "do que tornar permanente o antigo processo de exploração colonial":

> Acobertados pelo manto das teorias monetárias, estes senhores não passam de agentes subservientes dos interesses colonizadores e predatórios contra os interesses do seu próprio povo. São traidores da nação. Submetem 140 milhões de brasileiros ao arrocho salarial para atender aos interesses despudorados dos banqueiros internacionais, que em hipótese alguma admitem uma grande potência ao sul do Equador.

O desenvolvimentismo em crise

Além do modelo exportador, outro alvo do momento foi o paradigma desenvolvimentista, associado ao período pós-Vargas e marcado pela forte presença do Estado na economia. Nesse contexto, por exemplo, o então deputado federal Francisco Dornelles afirmou, em artigo publicado na *Folha,* em 24 de abril de 1989, que "a excessiva presença do Estado no campo econômico tem provocado distorções no mundo, em geral, e no Brasil em particular":

> A tentação estatista alcançou democracias ocidentais estáveis e também países em desenvolvimento, refletindo-se em decisões políticas estatizantes e limitadoras da atuação da iniciativa privada. As lições da história recente, contudo, estão determinando que países de todas as latitudes e de todos os hemisférios se movam, na atualidade, em direção oposta.

A crise do Estado foi muitas vezes vista como produto de sua participação excessiva na economia, decorrente do modelo estrutural da época. Um editorial da *Folha de S. Paulo*, de 12 de setembro de 1989, por exemplo, afirma que "o modelo de participação do Estado na economia brasileira" havia se tornado "um estorvo para o desenvolvimento". Segundo o jornal, "cartórios empresariais" procuravam apenas manter seus "subsídios e incentivos" e o poder público havia se afastado de suas "tarefas essenciais", como saúde e educação. Para terminar, a *Folha* ainda taxava de "desnecessária" a intervenção estatal "em áreas como telecomunicações, energia elétrica, estradas e armazenamentos."

Como não poderia deixar de ser, o ataque ao modelo é posto em consonância com os eventos históricos de 1989 no ambiente internacional. "A sociedade brasileira, sob o peso de estrangulamentos econômicos talvez sem paralelo na história do país, e em meio a um ambiente internacional onde os mitos do estatismo vão rapidamente desvelando sua completa ruína, terá de passar por um rápido processo de aprendizado e de adaptação – ou será condenada ao atraso absoluto", afirmou a *Folha de S. Paulo*.

A ofensiva simultânea ao Estado e ao "modelo" dava a tônica do momento. Em outubro de 1989 a *Folha* publicou uma série de reportagens intitulada "Menos governo, menos miséria".

> Seria extremamente difícil, pelas próprias dimensões de que se reveste o fenômeno, esgotar todos os dados e evidências que comprovam a perversidade social e econômica do Estado brasileiro. Alguns números ilustram com eloquência insofismável o grau das distorções, dos escândalos, das violências que se cometeram em nome de um modelo de desenvolvimento fundamentado na concentração de renda, nos entraves à iniciativa privada, no cartorialismo, no favorecimento, na irresponsabilidade e na fisiologia.

Segundo o jornal, o Estado brasileiro estava dedicado a "subsidiar a ineficiência dos que vivem à sombra do poder" e tinha suas ações calcadas "no jogo de interesses fisiológicos, superdimensionando um funcionalismo para o qual é incapaz de, exigindo produtividade, prover de salários adequados", cujo papel na redistribuição de renda e no atendimento às carências básicas da população se prestava "a comparações vergonhosas com países que vivem em um estágio de desenvolvimento muito mais incipiente que o do Brasil". Tratava-se, segundo a *Folha*, de um Estado que tinha

> no labirinto de regulamentações e no inferno burocrático a raiz de um processo de corrupção e de ineficácia que o contamina

em todas as suas instâncias. Um Estado que, incapaz de financiar investimentos em infraestrutura, de promover a justiça social, resistente às tímidas tentativas até agora feitas no sentido de maior controle sobre seus gastos, ameaça entrar no colapso total da hiperinflação, arrastando consigo a sociedade.

Com um controle sobre o comércio exterior "feito por 74 órgãos governamentais", ressaltou o jornal paulista, percebe-se um "modelo econômico em vias de colapso". Nesse sentido, o editorial afirma:

> A comparação entre os recursos envolvidos nos setores social e estatal demonstra, acima de tudo, o descaso com que o poder público tratou ao longo de décadas as necessidades mais urgentes da população. Ilustra-se dramaticamente a distorção de um sistema em que o Estado intervém com máximo vigor na área produtiva, desenvolvendo aí o espetáculo angustiante de sua irracionalidade econômica, e se mostra completamente incapaz de promover, na área de saúde, educação e saneamento, iniciativas básicas de atendimento às necessidades sociais.

No mesmo campo, o empresário Jorge Simeira Jacob, ex-presidente da Associação Brasileira de Bancos Comerciais, em texto publicado na imprensa em 22 de março de 1989, exaltou o peculiar samba-enredo que a escola de samba carioca Imperatriz Leopoldinense apresentava aquele ano – "Liberdade! Liberdade! Abre as asas sobre nós" – e usou a música para atacar a excessiva presença do Estado no mercado brasileiro.

Celebrando a capacidade das escolas de samba do carnaval no Rio de Janeiro, Jacob afirmou:

> Por serem livres é que podem inovar. Por terem concorrência também livre é que têm de inovar. Na competição o que prevalece é o resultado, a conquista da opinião pública. Dela provém motivação à busca da excelência, ambição de desempenho

só possível enquanto puderem decidir livremente sobre o seu destino. Está aí a receita para o sucesso: deixar que as pessoas e os grupos tomem conta das suas vidas. A antirreceita seria declarar que "a escola de samba é nossa" e criar para protegê-la um "INPS" (Instituto Nacional de Proteção ao Samba). Os que não acreditam no perigo desta ameaça merecem ser lembrados dos resultados de todas as atividades que feneceram por terem sido colocadas sob a "sábia" e poderosa proteção governamental.

Contra o Estado

Atacar o excessivo controle do Estado sobre a economia no Brasil significava questionar o próprio modelo político e econômico do país. Dessa maneira, pode-se perceber a abertura comercial como apenas uma parte de um processo de reformulação mais geral do papel do Estado brasileiro na sua relação com a sociedade, o mercado e o mundo.

Em 1989, de fato, o Estado foi o campeão dos alvos. A crise do Estado é tema-chave do ex-ministro da Fazenda Luiz Carlos Bresser-Pereira, por exemplo, em artigo publicado em 1º de junho de 1989. No texto, o autor – referência tradicional no debate sobre a administração pública no Brasil – apontou para o "papel do Estado como estruturador e fomentador do desenvolvimento brasileiro entre os anos 1930 e 1970" e o Estado como "obstáculo ao desenvolvimento econômico do país", a partir dos anos 1980.

Para Bresser, no entanto, o problema não era a "ineficiência intrínseca" do Estado, como supunha a "interpretação neoliberal de muitos dos nossos empresários", a "teoria dos ideólogos conservadores". Segundo o texto, a precariedade passa pela crise fiscal: "A causa fundamental da presente ineficiência do Estado está no fato de que o Estado brasileiro, hoje, vive uma grande crise financeira, uma grande crise fiscal, explicada pela dívida externa e pelo populismo desenvolvimentista." No caso brasileiro, afirmou o autor, a crise fiscal é tipicamente uma manifestação provocada "pela expansão desordenada e exagerada do Estado".

Mesmo afirmando que o mercado "é criado e regulado pelo Estado", Bresser defendeu a redução do Estado brasileiro em 1989:

> Estamos agora no momento de diminuição [do Estado]. Trata-se de um fenômeno mundial que no Brasil tem uma validade redobrada, dada a dimensão da crise fiscal brasileira. Nós interviemos demais, quebramos o Estado, ou deixamos que quebrasse, e agora temos que saneá-lo, reorganizá-lo, reduzindo o grau de intervenção. O endividamento externo dos anos 1970, o ajustamento em benefício das empresas privadas no início dos anos 1980, o desenvolvimento e o distributismo populistas que se agravaram depois da redemocratização, a manutenção de subsídios e incentivos fiscais que perderam qualquer funcionalidade – todos expandiram o Estado de forma cada vez mais perversa, cada vez mais distorcida.

No mesmo sentido, o então deputado federal Francisco Dornelles afirmou:

> O Estado, ao assumir funções de empresário, ativa um processo perverso de centralização das decisões econômicas e políticas, que representa um efetivo e grave risco para as liberdades públicas e para a autonomia das entidades que integram a sociedade. O Estado centralizador impede o florescimento da economia de mercado, instrumento pelo qual uma sociedade define suas preferências, em um regime de liberdade. O Estado centralizador inevitavelmente acaba no Estado burocrático, onde um imenso e pesado corpo de funcionários substitui erroneamente o mercado, decidindo pela própria sociedade o que e como produzir. O "Estado-empresário", como é o caso do Brasil, representa para a sociedade que paga a conta uma estrutura gigantesca e perversa.

O ataque ao Estado também se fez representado por uma ofensiva contra o "setor público", que incluía as empresas estatais e os funcionários públicos. Em um editorial de 11 de julho de 1989, a *Folha de S. Paulo* fez uma crítica pesada ao modelo de atuação do Estado na economia, pregando, ao mesmo tempo, a necessidade de o país atrair mais capitais e estar mais aberto ao ambiente financeiro internacional.

No artigo, foi feita uma análise do papel geral do "setor público", a partir dos problemas no campo siderúrgico, que posteriormente viria a ser privatizado. A questão suscitada pelo texto tem como ponto de partida a defasagem do preço do aço no mercado interno e externo, política adotada pelas empresas estatais a fim de conter a inflação: "O preço do aço no mercado interno acumula um atraso de 30% desde 1980: uma tonelada de aço está custando US$ 730 no mercado internacional e apenas US$ 440 no mercado interno", afirmou a *Folha*.

Segundo o editorial, tal política resultaria em uma redução drástica do investimento das empresas estatais, das quais a economia brasileira era extremamente dependente.

> A capacidade de investimento com recursos próprios e de terceiros diminuiu ao longo da década a ponto de muitas [estatais] precisarem de recursos do Tesouro para pagar despesas de custeio. Até quando poderão continuar servindo para refrear o ímpeto inflacionário sem se tornar obsoletas, e assim inviabilizar definitivamente a esperança de recuperação econômica?

Ainda segundo o editorial, seriam necessárias "operações de saneamento em todo o setor público empresarial" e uma transformação positiva no campo da "absorção de recursos estrangeiros", com o objetivo de "atrair o máximo possível de poupança e tecnologia, independente da sua forma; créditos comerciais e investimentos diretos".

Simultaneamente ao ataque conceitual ao Estado vinha a ofensiva orçamentária. Eliana Cardoso, com as credenciais de economista formada no MIT (Massachusetts Institute of Technology), cobrou do Executivo brasileiro, em artigo publicado na *Folha*, o corte imediato do déficit fiscal, visto como motor da crise hiperinflacionária. Segundo a autora, as experiências dos planos Cruzado e Bresser foram exemplos claros de que "a inflação não se cura com controle de preços". Este é um ponto importante de mudança de agenda no que diz respeito à inflação – o desvio de foco dos preços para o Estado.

> O único caminho que permite recompor o equilíbrio macroeconômico é o corte do déficit fiscal. Existem apenas três maneiras de se cortar o déficit: cortar gastos, aumentar impostos e renegociar a dívida. Medidas razoáveis poderiam combinar a suspensão da construção Norte-Sul, garantindo a credibilidade do compromisso do governo com o reequilíbrio do orçamento; a demissão de sessenta mil funcionários contratados sem concurso; o corte de subsídios fiscais e creditícios; e a suspensão provisória do serviço da dívida externa, que seria renegociada pelo governo eleito em novembro.

Em julho de 1989, a *Folha* promoveu uma série de artigos sobre a pergunta: "Você acha que o tema mais importante da campanha presidencial é a presença do Estado na economia?" Sobre a questão, o então deputado federal Cesar Maia, do PDT do Rio de Janeiro, afirmou que "era natural e esperado que a discussão acerca do Estado ganhasse prioridade no debate eleitoral". O político alertou para a corrente que, segundo ele, estaria se aproveitando da crise para objetivos oportunistas, em clara referência à campanha de Fernando Collor de Mello:

> Não é a mesma coisa discutir a estruturação do Estado como instrumento de privatização da coisa pública, em toda a sua complexa teia de concessões, ou tratá-lo na simples esfera do moralismo. Não é a mesma coisa discutir a crise fiscal na compreensão dos mecanismos que precipitaram os impasses das dívidas interna e externa, ou reduzir o problema ao custeio e ao salário de servidores. Não é a mesma coisa analisar as teias

de incentivos e subsídios, fiscais, creditícios, e os preços públicos rebaixados, como elementos integrantes do processo de acumulação do capital por parte de um empresariado cartorial, ou falar superficialmente da privatização como uma espécie de panaceia sem doutrina.

Sobre a mesma questão, o professor Ives Gandra da Silva Martins, em artigo publicado na *Folha* em 22 de julho de 1989, apontou o Estado "deformado e gigantesco" como "o principal elemento a ser combatido pelo futuro presidente". Segundo ele, "todos os outros problemas (desníveis sociais, inflação, má distribuição de riqueza, redução dos investimentos, dívida externa e interna etc.) são efeitos de uma causa, que, se não atacada, torna impossível o combate às suas consequências".

Mesmo quem não prega contra o Estado *per se* acaba por fazê-lo ao criticar os objetivos em voga pelos quais o Estado trabalhava. Sobre isso, o jurista Dalmo Dallari escreveu:

> O que existe na realidade, mesmo onde o capitalismo e a livre iniciativa são mais louvados, é a participação maior ou menor do Estado, variando a forma e a intensidade de sua interferência, precisamente em função dos objetivos que predominarem em cada momento. O mesmo empresário que recusa a interferência do Estado quando pretende que seus lucros sejam ilimitados e que suas atividades fiquem livres de qualquer controle exige o auxílio do Estado para enfrentar um concorrente estrangeiro, para proteger seus direitos e até seus privilégios ou para apoiar de alguma forma seu empreendimento econômico.

De modo semelhante, em 3 de outubro de 1989, um editorial da *Folha de S. Paulo* afirmou:

> Quantifica-se, de um lado, a massa imensa de verbas que seriam necessárias para começar uma ação de combate efetivo às carências sociais existentes no Brasil. De outro, há o patrimônio

> gigantesco de uma estrutura estatal imobilizada na ineficiência e na irracionalidade econômica.

O grande e principal alvo da política no Brasil em 1989 era ninguém menos que o próprio Estado brasileiro.

Abertura

Em 16 de fevereiro de 1989, nas páginas de *O Globo*, Carlos Tavares de Oliveira teceu críticas ao samba-enredo da escola São Clemente no carnaval daquele ano. O título da música, de autoria de João Carlos Grilo, Ricardo Goes, Ronaldo Soares e Sérgio Fernandes, era: "Made in Brazil. Yes, nós temos banana."

> Já é hora
> Do gigante adormecido despertar
> Do jeito que a coisa anda
> Não pode continuar
>
> A serra que é pelada até no nome
> Pelada há muito está
> Quero é saber de todo ouro
> Onde está nosso "tesouro"
> Onde estará?
>
> Parece brincadeira mas não é
> O dólar valorizado
> E o coitado do Cruzado
> Não pode se envolver na transação
> O aço volta manufaturado
> Jacaré vira sapato
> Lembrando até piada de salão
>
> Exportam até nossa gasolina
> Por quantia pequenina
> E também nosso melhor café

Os craques se mandando de montão
Já está faltando cobra
Pra jogar na nossa seleção

Eu choro, eu grito
E falo porque amo meu país
Só não podem exportar
A esperança deste povo ser feliz.

"A crítica à exportação chegou ao carnaval", escreveu Tavares de Oliveira. "Uma das escolas de samba escolheu como tema central da sua música-enredo uma acerba condenação à remessa para o exterior do 'tesouro' brasileiro."

Carlos Tavares de Oliveira era, em 1989, um dos principais defensores do chamado "modelo exportador", adotado após a crise da dívida no Brasil. Naquele momento, no entanto, apesar de se juntar aos ecos em prol da abertura, tal modelo vinha na defensiva. Era visto, em geral, como algo imposto pelos países mais ricos e que "vendia" o Brasil ao FMI. Além disso, não só não resolvia a questão da inflação, como era acusado de inflacionário.

Não à toa, o governo vinha impondo uma rédea mais dura às transações comerciais. Medidas regulatórias somavam-se aos novos impostos estaduais, aprovados na Constituição de 1988. Esses ataques minavam o paradigma vigente das relações econômicas internacionais do Brasil e abriam espaço para novas propostas.

Em 1989, a *Folha de S. Paulo* apresentou aos candidatos a presidente um questionário sobre a "abertura da economia brasileira". Os resultados foram comentados em editorial de 1º de novembro. Segundo o jornal, "com poucas variações, um razoável consenso parece percorrer as opiniões dos candidatos sobre a questão da abertura comercial". Nesse contexto, o editorial reforça a necessidade de uma "maior integração tecnológica com a economia internacional", bem como prescreve a "diminuição das barreiras alfandegárias" e o fim dos "sistemas de reserva de mercado".

No questionário, a *Folha* abordou os candidatos à Presidência em 1989 também sobre a importância de maior abertura ao capital estrangeiro. "Mesmo Lula e Brizola têm o hábito de não se dizer contrários, em tese, ao capital estrangeiro, do mesmo modo que Covas, Ulysses, Maluf ou Afif."

Em artigo publicado no jornal *O Globo*, Augusto do Rego Bayan, então presidente da Federação das Associações Comerciais, Industriais e Agropastoris do Estado do Rio de Janeiro, também aproveitou o momento para pedir menos restrições às relações econômicas com o mundo:

> A retomada do nosso desenvolvimento se fará antes pela consciência do novo papel do empresário no processo democrático que vivemos, restaurando-se a confiança dos contribuintes no sistema fiscal, ampliando-se o direito de cidadania e encorajando-se empreendedores, autônomos, pequenos, médios e grandes empresários nas atividades econômicas que por vontade própria escolham, reabilitando-se a moeda, incorporando-se o país às práticas da competição internacional, abrindo-se oportunidades de investimento aos capitais, venham de onde vierem, com seu potencial de emprego, divisas e de tecnologia.

O jornal *O Globo*, em editorial de 24 de julho de 1989, também defendeu mais abertura. Produzido em protesto às pressões do "Primeiro Mundo" para mais integração, o texto respondeu que o Brasil já vinha fazendo isso, acertadamente inclusive, desde o ano anterior, 1988: "As tarifas aduaneiras diminuíram, a lista de produtos com importações suspensas foi cortada pela metade e quase todas as barreiras administrativas e burocráticas foram eliminadas (a ponto de as agências da Cacex expedirem guias de importação em 48 horas)."

O Globo reconhecia que fortes restrições às importações foram criadas a partir de 1974, no contexto dos choques do petróleo, impondo problemas ao Balanço de Pagamentos do país: "Para estimular a produção interna de itens que pesavam na balança comercial – matérias-primas, bens intermediários, componentes, máquinas e equipamentos –, o Brasil elevou as tarifas e foi criando uma série de barreiras burocráticas para dificultar as importações ao máximo."

Posteriormente, afirmou o texto, a Crise da Dívida, em 1982, gerou "uma escalada de restrições para a suspensão de importações de um grande número de itens considerados não essenciais". Com a maturação do processo de substituição de importações, o país "não só deixou de importar inúmeros produtos como passou a ter excedentes para exportar, pois o mercado interno apresentava crescimento negativo".

No entanto, "o processo de substituição chegou ao exagero de a indústria só importar 5% do valor de todas as máquinas, peças e componentes que utilizava, percentual semelhante ao de economias que atravessaram longos períodos de fechamento, como a Espanha franquista ou a Albânia stalinista". Foi o momento de "níveis de autarquia", como classificado por notórios comentadores da área.

No mesmo sentido, o então presidente da Federação das Indústrias do Estado de São Paulo (Fiesp), Mario Amato, afirmou, em artigo publicado em 25 de agosto de 1989, na *Folha*, que era necessário ao Brasil um novo presidente, alguém "comprometido com a modernidade":

> Parece óbvio que o maior ou menor compromisso com a modernidade é que vai determinar que país seremos no século XXI. Essa postura implica, por exemplo, reconhecimento da interdependência do mundo capitalista, que se deve traduzir numa política de maior integração do Brasil com seus parceiros econômicos. Numa palavra, maior abertura ao capital estrangeiro.

Em janeiro de 1990, *O Globo* novamente volta ao tema da "abertura", atacando a ideia do "similar nacional", um dos mais fortes elementos ideológicos do protecionismo no país.

> O Brasil precisa deixar de ser o país do "similar nacional" – expressão que, assim como "produto supérfluo", se tornou instrumento de defesa dos cartórios que se instalaram em nossa economia – para se tornar o país da eficiência e da produtividade. O similar nacional deve ser o produto que, pela sua qualidade e preço, desestimulará qualquer importação, e não o contrário, como tem sido até hoje: o produto que não precisa ser aperfeiçoado nem barateado porque não enfrenta mais que uma simulação de concorrência.

Exportar, abrir-se mais para o mercado internacional, facilitar o acesso ao capital estrangeiro, flexibilizar o regime importador são ideias de peso que ganham a dimensão de receituário para o Brasil sair de uma crise vista como sem precedentes, em meio a um mundo em radical transformação. Nesse contexto, as argumentações em torno de uma nova relação econômica do país com o exterior eram, de fato, apenas parte de um questionamento mais estrutural sobre o Estado brasileiro. Em 1989, o Brasil repensou sua identidade, sua constituição como comunidade política.

Reforma

Em 1989, no Brasil, as propostas políticas eram rapidamente alçadas ao status de reformas estruturais. Em 1º de janeiro, um editorial da *Folha*, por exemplo, listou algumas providências urgentes ao país. As sugestões incluíam a renegociação da dívida externa, o equacionamento da dívida interna, o equilíbrio orçamentário do setor público, a redução da presença do Estado na economia, o reforço da autoridade monetária, a reforma industrial e a geração de novos processos tecnológicos.

Seis meses depois, a mesma *Folha de S. Paulo* reconheceu o "papel importante no desenvolvimento brasileiro" de empresas estatais como a Petrobras e a Companhia Siderúrgica Nacional (CSN), mas para afirmar que:

> Toda uma discussão merece ser feita sobre o papel do Estado na economia; várias alternativas de privatização podem ser delineadas; as dimensões desse processo devem ser discutidas; há espaço para debater entre um modelo de economia estritamente liberal e o de um *welfare state* modernizado que não necessariamente presume uma intervenção direta do Estado na área produtiva. O apego a fórmulas feitas e a preferências doutrinárias ultrapassadas vai inviabilizando, entretanto, o próprio debate; discute-se no vazio, com os olhos voltados para o passado; teme-se uma perda de identidade, e o que se acaba perdendo, com isso, é o próprio sentido do desenvolvimento histórico.

Na ocasião, concluiu a *Folha*, "uma crise profunda" ameaçava "extinguir as próprias condições de sobrevivência econômica do país num mundo em frenética competição". O Brasil estava, para o jornal, às vias "de um colapso hiperinflacionário capaz de devastar a própria democracia", enquanto "setores relevantes da opinião mergulham num passado romântico e, com a mais clara falta de alternativas e de responsabilidade histórica, combatem qualquer tentativa de mudança". Segundo o periódico paulista, mesmo os intuitos mais tímidos ou condicionais de renovação ideológica se viam, naquele momento, "envolvidos no preconceito, no obscurantismo e na fantasia".

Para o jornal, o impasse estava representado nos protestos que certos setores do PSDB fizeram contra Mario Covas e seu discurso no Senado, quando o político se despediu da Casa e lançou seu programa de governo como candidato à Presidência pelo partido. Na ocasião, Covas proferiu seu famoso discurso sobre a necessidade de um "choque de capitalismo" para o Brasil, talvez uma das referências retóricas mais importantes do novo momento político do país:

> Basta de gastar sem ter dinheiro. Basta de tanto subsídio, de tantos incentivos, de tantos privilégios sem justificativas ou utilidades comprovadas. Basta de empreguismo. Basta de cartórios. O Brasil não precisa apenas de um choque fiscal, precisa também de um choque de capitalismo, um choque de livre iniciativa, sujeita a riscos e não apenas prêmios.

O "choque de capitalismo", proposto por Mario Covas, foi, por exemplo, assunto de artigo escrito por Fernando Henrique Cardoso, publicado na *Folha de S. Paulo*, em 6 de julho de 1989. No texto, FHC procurou se afastar do que chamava de um "liberalismo de remendo", mas se mostrou amplamente favorável a uma reforma do Estado que reduzisse sua atuação.

Para Fernando Henrique, "Covas, no discurso, não teve meias palavras: é preciso um choque de capitalismo. Como? Favorecendo o investimento produtivo, retirando o Estado das áreas de produção direta que não lhe são próprias, acabando com os cartórios e com os subsídios que usam os impostos (elevados) pagos pelos que mais precisam de recursos para dar aos privilegiados do regime".

Segundo FHC, o país estava, na época,

> se transformando numa vala comum de desesperados explorada por "rentiers" da dívida pública e especuladores improdutivos. Tudo isso com a cumplicidade dos que não querem (e alguns que não conseguem) quebrar este "sistema", herdeiro direto do antigo "sistema", do período militarista recente, cuja colaboração para a estatização da economia e para a concentração da renda nunca é demais recordar. Não será fácil produzir esse choque de modernidade não apenas econômico, mas também social. E isso não se fará se as forças políticas que estão contra o novo "sistema" mantiverem-se isoladas umas das outras, felizes em seu esplêndido isolamento e ainda por cima desconfiando de que cada força que queira somar, se não for "pura", apenas contamina os que querem mudar.

No mesmo caminho, o jurista Márcio Thomaz Bastos publicou um artigo, em 13 de fevereiro de 1989, em que criticou com veemência o tamanho do Estado brasileiro. Nesse momento, a associação entre redução e "desprivatização" estava em voga. Reduzir o Estado significava também "desprivatizá-lo": "Diminuir o tamanho do Estado, desprivatizá-lo e reduzir a sua ingerência na vida dos cidadãos é algo que só se entende, do ponto de vista democrático, com igual esforço no sentido de fortalecer a sociedade civil e seus instrumentos de representação. Só assim entraremos com o pé direito no ano 2000", escreveu Thomaz Bastos.

Da mesma forma, Luiz Carlos Bresser-Pereira, em artigo publicado em junho de 1989, afirmou que, naquele ano, havia nitidamente duas formas dominantes de interpretação sobre a crise do Estado. Uma, mais "neoliberal", tinha apoio, segundo o autor, de parte do empresariado e defendia a ideia da "ineficiência intrínseca do Estado"; outra, mais comedida, apontava para os problemas pontuais do momento. Para ambas, no entanto, estava em jogo a configuração do Estado nas suas relações com os mercados interno e externo, a sociedade e o mundo.

No mesmo sentido, Lula também manifestou-se favorável à reforma do Estado brasileiro, em artigo publicado em 27 de março de 1989. Já expondo algumas das diretrizes que iriam marcar seu governo no futuro, o texto defendeu "a retomada do desenvolvimento com distribuição de renda, integrando na sociedade e no direito ao consumo cerca de 35% das famílias brasileiras que se encontram em estado de pobreza". Para tanto, seria preciso, segundo Lula, então candidato a presidente, "repensar a relação entre o Estado e a economia".

Em outro texto de sua autoria, publicado em abril de 1989, o líder do Partido dos Trabalhadores proferiu:

> Só um Estado democrático, uma Justiça democrática e eficiente e a sociedade organizada, mobilizada nas suas instituições, poderão dar um fim a esta rotina trágica. Só um governo sério, legitimado pelas urnas, poderá resgatar a dignidade do Estado para que nosso país possa chegar mais perto da civilização no final do segundo milênio.

Em artigo de fevereiro de 1989, Lula atacou as elites dominantes e defendeu reformas na configuração do Estado:

> Para essa gente, deixar de agredir a população, mudar a forma de gerir o dinheiro público, inverter as prioridades, colocando em primeiro lugar o atendimento às populações mais carentes,

e estabelecer a transparência administrativa são o caos. Mas para nós é simplesmente o início de um verdadeiro processo de mudança. Os erros e os desacertos que cometermos nesse processo serão corrigidos com a coragem de quem não se julga dono da verdade, mas que procura representar a vontade da maioria que fez a sua opção para mudar não só as pessoas, mas o próprio conceito de administração.

O ano de 1989 reúne um amplo questionamento sobre o Estado brasileiro em um contexto radical de crise interna e transformação externa e abre espaço, em um novo ambiente democrático, para propostas múltiplas de redefinição da relação entre a autoridade política e a sociedade, incluindo os mercados externo e interno. Nesse sentido, 1989 pode ser visto como um marco original na constituição da linguagem política do novo período democrático brasileiro e da nova realidade política do país.

O caçador de marajás

Frente ao desenvolvimento histórico das mudanças ocorridas no Brasil e no mundo, no período pós-Guerra Fria, o governo Collor, de março de 1990 a dezembro de 1992, não é mais que um interregno. Afinal, as transformações tiveram início antes de Collor tomar posse e continuaram em ritmo intenso pelo menos até o fim dos anos 1990.

No entanto, as ideias de Collor estavam em consonância com as levantadas aqui, neste livro. Em seu discurso político, um foco privilegiado, claro, era o Estado. Como ele afirmou na Câmara de Comércio do Brasil, em Londres, em 9 de fevereiro de 1990, o "ponto de partida" do seu governo seria "a reforma do Estado".

Segundo Collor,

> a construção do Estado brasileiro vem incorporando ao longo da história distorções graves. A tendência que vem do período colonial é a de que o Estado se constitua em um centro único do poder no país, controlando e bloqueando a manifestação das forças da sociedade. Neste processo, o aparelhamento do Estado se autorreproduz, se agiganta e entra em atividades típicas da esfera privada, ao mesmo tempo em que perde eficiência nas que são próprias do poder público. A hipertrofia burocrática termina por enfraquecer o Estado, que não tem recursos, não tem prestígio, não tem autoridade e, portanto, não é respeitado.

Mas o que significava de fato, para Collor, "reformar o Estado"? A "reforma do Estado" abrange tanto o combate à inflação, pela via da reorganização das finanças públicas, quanto a ideia de "uma incorporação mais ampla à economia mundial". Portanto,

> ao reformar o aparelho estatal, estaremos já enfrentando o aspecto mais imediato da crise – a inflação. Fazem parte de nossa estratégia nesse combate do fenômeno inflacionário e a estagnação como um todo: um rigoroso ajuste fiscal, com vistas a diminuir o déficit público e acabar com o desequilíbrio orçamentário; um processo de desregulamentação e liberalização paulatina da economia que facilite a expansão do setor privado, o estímulo à concorrência, a assimilação dos frutos do avanço tecnológico; e, por fim, uma incorporação mais ampla e competitiva à economia mundial.

A intenção é de uma reestruturação vasta e irrestrita nas relações do Estado com a sociedade brasileira e o ambiente internacional, inclusive com a inclusão da agenda ambiental. "Tenho clara consciência do alcance do drama ecológico. Não vejo sua solução como tarefa do governo, mas na verdade como trabalho de uma geração. A poluição é uma herança que recebemos de nossos antepassados e corresponde a um modelo de desenvolvimento que traz altos custos para a vida na Terra. O modelo está esgotado. É preciso corrigi-lo, e de maneira profunda", afirmou, no discurso feito em Londres, em 9 de fevereiro de 1990.

Naquele momento, Collor representava a linha de frente de um questionamento sobre os modelos desenvolvimentista e exportador que oferecia um novo paradigma para as relações internacionais do país.

> Do início dos anos 1980 para cá, o esforço exigido pelo pagamento da dívida não deixou de produzir consequências econômicas cada vez mais graves, e nem de nos aproximar perigosamente do limiar da ruptura social. Nas nações em desenvolvimento, e muito especialmente na América Latina, vai-se consolidando a sensação de estarmos confinados e esquecidos. O Brasil se recusa a ser nação confinada em meio às

oportunidades e desafios da cooperação internacional. Deseja participar ativamente do intercâmbio de experiências com outros povos. Orgulhoso de sua identidade, buscará, como sempre, a colaboração franca e igualitária com seus parceiros. Sua atitude é de diálogo e solidariedade num mundo cada vez mais revigorado pelo ideal de liberdade e pelo imperativo da paz.

Em uma entrevista coletiva concedida em 14 de fevereiro de 1990, Collor afirmou que seu governo continha um "projeto de reconstrução nacional". "Milhares e milhares de brasileiros se transformarão em operários da reconstrução nacional junto com o presidente da República, para que nós não mais permitamos que existam na nossa sociedade esses aproveitadores que querem retirar tudo do Estado e da nação sem lhes dar nada em troca."

O ataque às "elites", encaradas como alvo, deu-se pela via da relação destas com o Estado, um meio de apropriação e privatização do Estado que seria a causa fundamental dos problemas econômicos e sociais do país:

> Uma parte das elites faz com que uma situação atinja à beira do caos absoluto, como essa que nós estamos vivendo. São aquelas elites favorecidas pelas benesses do Estado. São aquelas elites agarradas às vantagens que o Estado lhes possa conceder. São as elites que não são competitivas, que se escondem atrás de cartórios para impedir que seja vista a sua incapacidade, a sua falta de condição de gerenciar o seu próprio negócio. São os ineficientes, são os acovardados diante da realidade nacional, são os acovardados diante da lei da competição, das leis da economia de mercado.

Vale notar que a perversidade das elites troca de lado. Durante o modelo desenvolvimentista clássico, as elites prejudiciais ao país eram aquelas que defendiam o livre mercado.

Em 1989, eram "os acovardados diante da lei da competição". Nesse novo contexto, atacar as "elites" significava favorecer as "leis de mercado". Com isso, temas como a reserva de mercado e o acesso à tecnologia ganham tratamento especial.

> Sou contrário a qualquer tipo de reserva seja ela de que natureza for. Quando eu afirmei que os nossos carros, fabricados no Brasil, eram verdadeiras carroças, se comparados aos carros inteligentes do mundo desenvolvido, alguns entenderam. Outros acharam que eu estava criticando a indústria automobilística. Não há reserva de mercado para a indústria automobilística, mas todos nós sabemos que eles próprios estabelecem as regras que gerenciam o setor e impedem outros de virem para o nosso mercado. Mas os carros são verdadeiras carroças, talvez não por culpa dos fabricantes, mas sobretudo por falta de acesso à tecnologia. Sou por princípio contra qualquer tipo de reserva.

Em seu discurso de posse, "Projeto de reconstrução nacional", proferido em 15 de março de 1990, no Congresso Nacional, Collor apontou a inflação como alvo "número um", pregou a "reforma do Estado", a "modernização econômica" e uma nova racionalização do setor público, a fim de se combater o "carnaval de gastos, das emissões e preços". Além disso, defendeu a "economia de mercado" e o capital estrangeiro. Como primeiro presidente eleito pelo voto direto após o regime militar, procurou enaltecer a democracia e o respeito aos Poderes:

> A transição democrática brasileira, que culminou nas eleições presidenciais do fim do ano passado, teria sido inconcebível sem a vitalidade do Congresso, logo convertido em Assembleia Constituinte, por todos conduzida com vigor cívico, e que, graças ao trabalho diligente do relator, trouxe-nos texto fecundo e

> inspirador. Teria sido inconcebível, também, sem a severa vigilância do Judiciário, que através do Tribunal Superior Eleitoral, exemplarmente presidido por um ministro do Supremo Tribunal Federal, organizou de modo tão correto e transparente o pleito que restituiu ao povo brasileiro o direito de escolher seu governante. Nem poderia ela, a transição democrática, chegar a termo sem tropeços institucionais se não houvesse firme vontade nacional.

O momento marca o pontapé inicial (e melancólico) do regime democrático brasileiro, pós-autoritarismo militar.

> Meu primeiro compromisso inalterável é com a democracia. Ao restaurá-la no Brasil, reatamos com o melhor da nossa tradição de direito, liberdade e justiça. Mas procurando, a partir de agora, não só mantê-la como aprimorá-la, não só honrá-la como enriquecê-la, estaremos colocando o Brasil na vanguarda de um processo histórico de escala inédita. Pois o que estamos vivendo, neste fim do século XX, é uma era de democratização. Um a um, vão ruindo os autoritarismos; em toda parte, vão assomando as liberdades. O Brasil, uma das maiores democracias do mundo, não pode senão figurar à frente desse movimento universal de libertação da humanidade e de generalização da inestimável prática do autogoverno, do estado de direito e da estrita observância dos direitos humanos.

Reforma do Estado e abertura econômica. A transformação da "perversão estatal" corre em direção à economia de mercado e à liberalização. No discurso de posse no Congresso, Collor afirmou:

> A dura verdade é que, no Brasil dos anos 1980, o Estado não só comprometeu suas atribuições, mas perdeu também sua utilidade histórica. O Estado não apenas perdeu sua capacidade de investir como, o que é ainda mais grave, por seu com-

> portamento errático e perverso, passou a inibir o investimento nacional e estrangeiro. Essa perversão das funções estatais – agravada por singular recuo na capacidade extrativa do Estado – exige que se redefina, com toda a urgência, o papel do aparelho estatal entre nós.

Junto às mudanças, era sugerido um novo formato para as relações do país com o mundo, o que incluía mais abertura ao comércio internacional, ao mercado financeiro globalizado e à tecnologia estrangeira. "Entendo assim o Estado", continua Collor,

> não como produtor, mas como promotor do bem-estar coletivo. Daí a convicção de que a economia de mercado é forma comprovadamente superior de geração de riqueza, de desenvolvimento intensivo e sustentado, e a certeza de que, no plano internacional, são as economias abertas as mais eficientes e competitivas, além de oferecerem bom nível de vida aos seus cidadãos, com melhor distribuição de renda.

Para Collor, todo esse espectro de reformas também significava um novo posicionamento do Brasil no mundo, em um momento no qual "o poder monolítico, as estruturas dirigistas e os resíduos autoritários" estavam "na defensiva", em que "novas áreas" se preparavam para "adotar as leis da economia de mercado, com democracia, respeito pelos direitos humanos e cultura da liberdade".

> Diante dessas transformações que aceleram o tempo histórico, é preciso buscar fórmulas novas de inserção do país no mundo. O Brasil estará aberto ao mundo. Queremos integração, crescente e competitiva. O momento é único na história do país e do mundo, e o papel da ação diplomática é estratégico para aproximar a nação dos tempos novos em que vivemos. A impressionante dinâmica das mudanças ora em curso no cenário

> internacional torna mais grave o risco de cairmos numa situação de confinamento e marginalização. A esse espectro devemos contrapor a clareza de nosso projeto e de nosso desempenho. É imperioso abdicar do discurso estéril e irrealista, do pseudonacionalismo que induz ao isolamento, da desconfiança, da ilusão míope de autossuficiência. Temos, ao contrário, que demonstrar com fatos o potencial e a pujança do Brasil. É preciso que o mundo se convença da necessidade de abrir as portas ao Brasil, e que possamos acreditar na conveniência de nos abrirmos ao mundo.

A consonância com o discurso midiático não é novidade. Afinal, essa é uma relação peculiar, entre a mídia e Fernando Collor de Mello. O momento histórico, inclusive, alavancou toda uma área de pesquisa no Brasil, a da Comunicação e Política. A partir do que ocorreu no governo Collor, alguns autores chegaram a afirmar que a mídia brasileira poderia "fazer e desfazer" um presidente, referindo-se ao apoio explícito da Rede Globo a Fernando Collor de Mello durante a campanha e ao posterior movimento de *impeachment* do presidente.

Entretanto, Collor não venceu as eleições de 1989 por suas ideias, muito menos por aquelas consoantes com o que era debatido nos grandes jornais. "A geografia do voto nas eleições presidenciais do Brasil em 1989", trabalho dos pesquisadores Cesar Romero Jacob, Dora Rodrigues Hees, Philippe Waniez e Violette Brustlein, mostra claramente que Collor, no primeiro turno, obteve "suas mais altas votações em microrregiões que integram um vasto espaço no interior do país: o nordeste do Pará, a área central do Maranhão, o Tocantins, Goiás, a metade oeste de Minas Gerais, Mato Grosso do Sul e o norte do Paraná".

Além disso, Collor "alcança ainda elevadas votações em áreas mais próximas do litoral, que correspondem a microrregiões do agreste pernambucano e dos estados de Alagoas e de Sergipe". No segundo turno, afirmam os pesquisadores, "a distribuição de votos para Collor se [manteve] praticamente inalterada".

Em síntese, a pesquisa defende a ideia de que "o medo de uma eventual vitória de Lula ou de Brizola, aliado ao fato de não existirem candidatos conservadores bem situados nas pesquisas, e que representassem estados politicamente importantes da Federação, levou a direita a apoiar Collor". Com isso,

> o candidato, que recebeu o apoio não só da elite tradicional do Nordeste, mas, também, da elite moderna de São Paulo, representou o paradoxo de ser, ao mesmo tempo, um político conservador, mas portador de um discurso moderno. O candidato oriundo de um Nordeste atrasado, das práticas clientelistas e fisiológicas, venceu a eleição como um defensor da economia de mercado, do neoliberalismo e da globalização.

Ideias, ideias, ideias

A análise do material reunido, ou seja, artigos e editoriais produzidos em 1989 sobre o Brasil e o mundo, publicados em dois grandes jornais brasileiros e vistos como um fragmento importante da ideologia política de uma época, ressaltou a percepção de uma crise sem precedentes e um contexto de verdadeira desolação que envolvia a economia, a política, a sociedade, a ordem pública e tinha a inflação como marca registrada. Em meio a tudo isso, em 1989, o mundo sofria transformações brutais. O momento internacional era de plena e completa mudança, com a queda do Muro de Berlim, o fim da Guerra Fria e a globalização.

Em um contexto de crise interna aguda e radical transformação externa, os principais alvos político-ideológicos no Brasil eram o seu relativo isolamento do mundo e o protecionismo praticado no país, os modelos exportador e desenvolvimentista e, em especial, o próprio Estado brasileiro. Nesse sentido, as propostas para colocar o país no rumo foram mais abertura e integração com o exterior e, fundamentalmente, uma ampla e abrangente reforma do Estado.

É interessante notar que muitos ao redor do globo faziam à época mais ou menos os mesmos questionamentos sobre seus próprios Estados. Em 1989, por exemplo, questões políticas fundamentais estavam sendo debatidas em algumas nações da Cortina de Ferro, como Hungria, Polônia e Tchecoslováquia, e até mesmo, como foi visto, na China e na África do Sul. Não à toa, o período histórico acabaria por ganhar um nome próprio: o fim da Guerra Fria. Uma das teses deste livro é a de que houve também, em 1989, um fim da Guerra Fria no Brasil.

William C. Wohlforth e Stephen G. Brooks, pesquisadores da Universidade de Dartmouth, sugerem, por exemplo, que uma mudança expressiva teria ocorrido nas lideranças da União Soviética, algo que teria levado a uma "reorientação dos interesses mais fundamentais do país, da oposição e competição com o Ocidente para o desejo de fazer parte dele". Richard Ned Lebow, também pesquisador da Universidade de Dartmouth, chama atenção para o desejo de reformas internas, segundo ele, prioridade de Mikhail Gorbachev. O próprio ministro das Relações Exteriores da *glasnost* e da *perestroika*, Eduard Shevardnadze, afirmou certa vez que "o principal objetivo" das mudanças na política externa soviética era "criar condições externas o mais favoráveis possíveis para as reformas internas".

Acima de tudo, em 1989, havia uma situação generalizada de crise política e econômica. O mundo já havia passado pela quebra dos acordos de Bretton Woods e pela flutuação do dólar, levada à frente pelo governo Richard Nixon, em 1971, fruto do aumento da dívida americana e da diminuição das reservas de ouro em Washington. Contribuíram também para a sensação de esgotamento os choques do petróleo nos anos 1970 e a Crise da Dívida latino-americana no início dos anos 1980. Sobre esse contexto, o professor Mark Blyth sugeriu que os "efeitos combinados" de políticas falhas no combate à inflação sinalizaram que os Estados haviam "expandido em demasia" o seu papel, bem além dos limites estabelecidos como razoáveis nos anos 1940 e 1950, o que proporcionou um ambiente para reação e substituição da ordem estabelecida. Segundo Blyth, seria preciso uma "política de ideias" e, em um ambiente de tamanha incerteza, não havia escassez delas.

Eis então que chegamos ao liberalismo. "O liberalismo é muito sério para ser deixado nas mãos dos liberais", escreveu certa vez o *Il Giornale*, de Milão, ao enaltecer o livro *Controstoria del liberalismo*, do italiano Domenico Losurdo, professor da Universidade de Urbino e um dos mais festejados intelectuais europeus da atualidade. Se a conotação pejorativa do termo "neoliberal", associada em especial ao fracassado governo Collor de Mello ou ao chamado "Consenso de Washington" – ou mesmo à "privataria tucana" –, atua contra o sentido de importância que o liberalismo tem na constituição política recente da sociedade brasileira, as ideias do momento mostram, por outro lado, que o processo de transformação posto em prática foi fundamentalmente liberal.

De maneira alguma, entretanto, tal entendimento significa uma receita única e restrita de políticas e medidas reformistas. A tradição liberal vai de Friedrich Hayek a John Maynard Keynes, passando por Adam Smith, Isaiah Berlin, Karl Popper, John Rawls, James Madison e Alexander Hamilton, Joaquim Nabuco e Rui Barbosa, Roberto Campos, Mário Henrique Simonsen, José Guilherme Merquior, entre outros. Uma cultura nunca poderia absorver tudo isso de maneiras fixa e única, nem várias culturas diferentes poderiam interpretar as mesmas ideias do mesmo modo. O argumento de que o Brasil e toda a América Latina foram dominados por um "neoliberalismo" criado em Washington faz muito pouco da identidade cultural de todas essas sociedades.

Alguns países da América Latina, como o Equador e a Argentina, dolarizaram suas economias, o Brasil, não. Buenos Aires apresentou, logo no fim da Guerra Fria, uma política externa muito mais alinhada com Washington, tornando-se, inclusive, "parceira especial" da Otan (Organização do Tratado do Atlântico Norte), a aliança militar dos Estados Unidos na Europa. O comportamento da Casa Rosada chegou a ganhar um nome na área das relações internacionais: "realismo pragmático." O Itamaraty, apesar dos ajustes, manteve-se relativamente mais cauteloso e pouco a pouco começou a assumir posições mais independentes do que no período imediatamente posterior à ruptura.

Igualmente, o liberalismo brasileiro, de modo bastante peculiar, pôde conviver com um aumento expressivo da carga tributária ao longo das décadas seguintes ao fim da Guerra Fria. Se em 1994 os brasileiros pagavam pouco menos que 29% do PIB do país em impostos, dez anos depois o índice chegou a quase 37%. Ao mesmo tempo, o novo liberalismo brasileiro pós-1989 não deixou de reconhecer, em nenhum momento, os principais regimes do pós-Guerra Fria, inclusive aqueles referentes ao comércio e às finanças internacionais.

Nesse sentido, a tese é a de que, com ajustes aqui e ali, dependentes dos sucessivos governos, somos uma continuação dos caminhos propostos em 1989. Isso não significa dizer que todas essas ideias surgiram naquele ano. Afinal, elas são parte de um longo processo histórico, uma tradição que inclui nomes como Tancredo Neves, Ulysses Guimarães, Luiz Inácio Lula da Silva, Fernando Henrique Cardoso, Mario Covas, Itamar Franco, José Serra, Roberto Freire, Miguel Arraes, Roberto Campos, Mário Henrique Simonsen, José Guilherme Merquior, entre outros. No entanto, significa reconhecer que o pontapé inicial das reformas se deu, na prática, em torno daquele ano e daquela eleição presidencial.

"A discussão pública é parte do coração de qualquer democracia", afirmou, certa vez, Amartya Sen, acadêmico indiano, Prêmio Nobel de Economia, chamando para o seu lado nomes como John Stuart Mill, John Rawls e Jürgen Habermas. Do alto da segunda década do século XXI, é possível olhar para 1989 e ver um ponto de partida, a invenção de um Brasil e de uma tradição política, com seus erros e acertos, avanços e retrocessos. Nesse contexto, o único risco de olhar para trás é o de encontrar a nós mesmos.

Fontes

1989, A ORIGEM

A primeira referência de fato utilizada no capítulo diz respeito aos números da inflação no Brasil, com alusão direta ao ex-presidente do Banco Central e professor Gustavo Franco. Os números estão no artigo "Auge e declínio do inflacionismo no Brasil", publicado na obra organizada por Giambiagi (2004).

Mais à frente, o texto refere-se ao livro *1989: o ano que mudou o mundo*, escrito pelo jornalista americano Michael Meyer e publicado, no Brasil, pela Editora Zahar (Meyer, 2009). O livro de Meyer serviu de base para o capítulo, junto com uma cronologia produzida pelo Arquivo de Segurança Nacional americano, que fica na Universidade George Washington, nos Estados Unidos, para uma conferência realizada em abril de 1998 pela instituição, intitulada "The End of the Cold War in Europe, 1989: 'New Thinking' and New Evidence".

Ainda sobre esse tema, uma ótima referência que chegou recentemente ao Brasil é o livro *Ascensão e queda do comunismo*, do historiador britânico Archie Brown, publicado pela Editora Record.

Na menção ao papa João Paulo II, a referência utilizada foi a biografia produzida pelo escritor polonês Tad Szulc, *Pope John Paul II: the Biography*, publicado pela Pocket (Szulc, 2007).

No que diz respeito a Osama Bin Laden, a referência utilizada foi a biografia *Osama Bin Laden: o homem que declarou guerra à América*, de Yossef Bodansky, publicada no Brasil pela Editora Prestígio (Bodansky, 2001).

Com relação às transformações econômicas e tecnológicas levantadas no capítulo, a fonte foi o livro do professor de

Harvard Jeffry A. Frieden, *Capitalismo global* (Frieden, 2008), publicado no Brasil pela Editora Zahar.

Os números relativos às mudanças nos valores de comércio internacional das cinco maiores economias do mundo, na segunda metade do século XX, foram divulgados pela Organização para a Cooperação e o Desenvolvimento Econômico (OCDE) e estão no artigo de L. E. Armijo (2000), bem como está neste artigo também a informação sobre a redução da tarifa média mundial entre 1940 e 1980.

A seção que trata da "desintegração da produção" e do "caso Barbie" faz referência a um texto canônico, "Integration of Trade and Disintegration of Production in the Global Economy", de R. C. Feenstra (1998). Outra fonte fundamental dessa discussão é o trabalho "Changing Patterns of International Competition", escrito por Porter (1986).

A "definição clássica do momento", de autoria de Robert Cox, está no texto "Democracy in Hard Times", publicado na coletânea *The Transformation of Democracy*, organizada por A. McGrew (1997).

A MUDANÇA

Neste capítulo, os números relativos às transformações apresentadas nas relações comerciais brasileiras foram levantados e analisados por Kume (1989, 1990, 1991, 1998) e Kume, Corseuil e Coelho (2003), todos pesquisadores do Instituto de Pesquisa Econômica Aplicada (Ipea). Sobre o "desenvolvimentismo" e o pensamento econômico no Brasil dos anos 1950, a principal referência foi o livro clássico de Ricardo Bielschowsky (1988), *Pensamento econômico brasileiro*, publicado pela Editora Contraponto.

Para uma discussão sobre o "desenvolvimentismo" e a política externa brasileira, ver Jaguaribe (1958), Ituassu (1999) e Dantas (1962).

O trabalho "bastante citado" ao qual o capítulo faz referência quando trata da mudança na composição das importações brasileiras no modelo desenvolvimentista é o da professora Maria da Conceição Tavares (1972), *Da substituição de importações ao capitalismo financeiro*, publicado pela Zahar.

Além disso, são de suma importância para este capítulo as análises feitas por S. B. Vianna em "Política econômica externa e industrialização: 1946-1951"; por D. M. Pinho Neto, em "O interregno Café Filho: 1954-1955"; por L. O. Orenstein e A. C. Sochaczewski, em "Democracia com desenvolvimento: 1956-1961"; e por Marcelo de Paiva Abreu, em "Inflação, estagnação e ruptura: 1961-1964", todas publicadas na excelente coletânea organizada por Abreu (1999): *A ordem do progresso: cem anos de política econômica republicana*, referência fundamental sobre a história econômica brasileira.

Marcelo de Paiva Abreu (2007) também foi uma fonte importante para o entendimento das reduções tarifárias no Brasil a partir de 1988/89.

Da mesma maneira, o capítulo coloca o autor em dívida com o trabalho de Baumann, Canuto e Gonçalves (2004), *Economia internacional: teoria e experiência brasileira*, publicado pela Editora Campus.

Na parte que trata das transformações financeiras, foram de grande ajuda os trabalhos de Gustavo H. B. Franco (1999), *O desafio brasileiro: ensaios sobre desenvolvimento, globalização e moeda*, e de D. D. Carneiro e M. G. P. Garcia (1995), "Private International Capital Flows to Brazil".

Com relação à ruptura do consenso na política externa brasileira, a ideia pode ser encontrada nas excelentes análises de M. R. S. de Lima (1994), "Ejes analíticos y conflicto de paradigmas en la política exterior brasileña", e de M. Hirst e L. Pinheiro (1995), "A política externa do Brasil em dois tempos".

O DEBATE

A obra de Mark Blyth à qual este capítulo se refere chama-se *Great Transformations: Economic Ideas and Institutional Change in the Twentieth Century* (Blyth, 2002). O trabalho de Nina Tannenwald, "Ideas and Explanation: Advancing the Theoretical Agenda", foi publicado no periódico *Journal of Cold War Studies* (Tannenwald, 2005).

A definição de sociologia interpretativa vem do artigo "The Qualitative Tradition in Social Science Inquiry: Contributions to Mass Communication Research", de N. W. Jankowski e F. Wester, que está na coletânea *A Handbook of Qualitative Methodologies for Mass Communication Research*, organizada por K. B. Jensen e N. W. Jankowski (1991).

A referência a Peter Dahlgren faz menção ao seu artigo "The Transformation of Democracy?", publicado na coletânea *New Media and Politics*, organizada por B. Axford e R. Huggins (2001).

Com relação aos pesquisadores Luis Felipe Miguel e Flávia Biroli, da Universidade de Brasília, o capítulo faz referência à coletânea de artigos, organizada por ambos, chamada *Mídia, representação e democracia* (2010). A ideia de "cultura da mídia", do professor Douglas Kellner, está em seu livro *Media Culture: Cultural Studies, Identity and Politics Between the Modern and the Postmodern* (2002).

Finalmente, a referência a José Marques de Melo, professor emérito da USP, chama atenção para seu livro *A opinião no jornalismo brasileiro* (Melo, 1985).

A CRISE

O editorial do jornal *O Globo* ao qual o texto se refere, publicado em 30 de janeiro de 1989, chama-se "Torneiras fechadas" e saiu na página 4 do jornal. O artigo de Hermann Wever foi intitulado "Um círculo vicioso" e apareceu também na página 4 de *O Globo*, em 16 de julho de 1989.

O texto de Maria da Conceição Tavares chama-se "Sem reservas não chegaremos lá" e foi publicado na página A-3 da *Folha de S. Paulo*, em 2 de agosto de 1989. O editorial "Renegociar a dívida", do mesmo jornal, está na página A-2 da edição de 22 de janeiro de 1989.

Os artigos do então deputado federal pelo Partido dos Trabalhadores (PT) Luiz Inácio Lula da Silva aos quais o capítulo se refere foram publicados na *Folha de S. Paulo* em 9 de janeiro, 23 de janeiro e 20 de fevereiro de 1989, na coluna semanal que Lula tinha no jornal, sempre na página A-2. O primeiro ganhou o título de "Roteiro do novo mundo"; o segundo, "Sangue, suor e dívida externa"; o terceiro, "Brasil: e agora?".

O editorial da *Folha de S. Paulo* de 27 de julho de 1989 chama-se "País em descrédito" e também foi publicado na página A-2 do jornal, como de praxe.

O texto do então deputado federal Fernando Gasparian, do PMDB de São Paulo, foi publicado na página A-3 da *Folha de S. Paulo*, em 2 de março de 1989, e chama-se "O fracasso das elites".

O editorial da *Folha de S. Paulo* de 1º de janeiro de 1989 foi publicado na página A-2 e chama-se "A estagnação brasileira".

O texto do jurista Márcio Thomaz Bastos foi publicado na página A-3 da *Folha de S. Paulo*, em 13 de fevereiro de 1989, com o título "De olho no ano 2000".

O editorial da *Folha de S. Paulo* sobre o encontro do influente Fórum Nacional, em 1989, recebeu o título "Um país sem projeto" e foi publicado na página A-2 do jornal, em 25 de fevereiro daquele ano.

O artigo de João Gilberto Lucas Coelho apareceu na página A-3 da *Folha de S. Paulo*, em 27 de março de 1989, com o título "Imprecisões brasileiras".

O texto do então candidato Fernando Collor de Mello foi publicado no jornal *O Globo*, em 31 de maio de 1989, com o título "O novo papel das exportações".

O editorial "Estado contra Estado", da *Folha de S. Paulo*, foi publicado na página A-2 do jornal, em 13 de setembro de 1989.

O artigo de Leo Wallace Cochrane Júnior, "Coragem para mudar", de 7 de julho de 1989, foi publicado na *Folha de S. Paulo* na página A-3.

O MUNDO EM TRANSFORMAÇÃO

O editorial da *Folha de S. Paulo* de 29 de setembro de 1989 foi publicado na página A-2, com o título "Monopólio do atraso".

Os dois textos de Roberto Campos aos quais o capítulo se refere são "Cenário do último decênio do século" e "Annus mirabilis". Ambos foram publicados no jornal *O Globo*. O primeiro em 10 de setembro e o segundo em 31 de dezembro de 1989.

O editorial da *Folha de S. Paulo* de 6 de outubro de 1989 chama-se "Inimigos da perestroika" e foi publicado na página A-2 do jornal.

O texto de Lula de 27 de março de 1989 foi publicado na página A-2 da *Folha de S. Paulo*, em sua coluna semanal, com o título "Brasil: e agora?". Da mesma maneira, o de Fernando Henrique Cardoso, também colunista da *Folha de S. Paulo* naquele ano, foi publicado dois dias depois, com o título "Brasil urgente".

O ISOLAMENTO

O editorial da *Folha de S. Paulo* de 4 de janeiro de 1989 ao qual o capítulo faz referência chama-se "O isolamento do Brasil" e foi publicado na página A-2 do jornal. O texto de Lula, "Brasil: e agora?", é o de sua coluna semanal do dia 27 de março e também foi publicado na página A-2 da *Folha de S. Paulo*.

Os dois textos de José Guilherme Merquior, "Protecionismo I" e "Protecionismo II", foram publicados em 12 e 19 de março de 1989, no jornal *O Globo*, ambos na página 5.

O texto do embaixador Rubens Ricupero recebeu o título "O cenário mundial e o Brasil". Foi publicado na página A-3 da *Folha de S. Paulo*, em 25 de junho de 1989.

O artigo de Jacques Eluf saiu na página 4 do jornal *O Globo*, em 18 de janeiro de 1989, com o título "Erro que pode ser fatal".

O texto de Carlos Alberto de Oliveira ao qual este capítulo se refere foi publicado na página 21 do jornal *O Globo*, em 12 de janeiro de 1989, com o título "Exportação impulsiona economia dos EUA".

O artigo dos economistas Mário Henrique Simonsen, Fernando de Holanda Barbosa, Antonio Salazar de Brandão e Clóvis de Faro, "O ICM e a política de comércio exterior", foi publicado no jornal *O Globo*, em 8 de janeiro de 1989, na página 44.

O texto de Horácio Cherkassky saiu na página 4 do jornal *O Globo*, em 7 de fevereiro de 1989, com o título "Imposto *x* exportação".

Finalmente, o artigo de Carlos Tavares de Oliveira, publicado em março, ao qual este capítulo se refere, saiu no jornal *O Globo*, no dia 23 de março, na página 19, com o título "China consolida abertura econômica".

O MODELO EXPORTADOR EM XEQUE

O texto do jurista Dalmo Dallari foi publicado na página A-3 da *Folha de S. Paulo*, em 29 de abril de 1989, com o título "Herdeiros do autoritarismo".

O artigo do então deputado federal José Serra, de 6 de junho de 1989, também saiu na *Folha de S. Paulo*, na página A-3, com o título "A economia do engano".

O artigo de Maria da Conceição Tavares, de 2 de agosto daquele ano, foi publicado na página A-3 da *Folha de S. Paulo*, com o título "Sem reservas, não chegaremos lá". O texto "O novo papel das exportações", de Fernando Collor de Mello, foi publicado no jornal *O Globo*, na página 3, no dia 31 de maio de 1989. O artigo do então deputado federal Vilson de Souza, do PSDB de Santa Catarina, foi publicado na página A-3 da *Folha de S. Paulo*, em 15 de agosto de 1989, com o título "Os entraves ao desenvolvimento nacional".

O DESENVOLVIMENTISMO EM CRISE

O artigo do então deputado federal Francisco Dornelles foi publicado na página A-3 da *Folha de S. Paulo*, em 24 de abril 1989, com o título "O PFL e a eleição presidencial". Sobre o mesmo tema, o editorial da *Folha de S. Paulo*, de 12 de setembro de 1989, foi publicado na página A-2, com o título "Desafio da estatização".

O editorial do dia 3 de outubro, também da *Folha de S. Paulo*, saiu na página A-2 com o título "Miséria de uma campanha".

O texto publicado na *Folha de S. Paulo*, em 22 de março de 1989, do empresário Jorge Simeira Jacob, saiu na página A-3, com o título "A escola de samba é nossa".

CONTRA O ESTADO

O texto de Francisco Dornelles, "O PFL e a eleição presidencial", foi publicado na página A-3 da *Folha de S. Paulo*, em 24 de abril de 1989.

O editorial da *Folha de S. Paulo* de 11 de julho de 1989, "Atrair capitais", foi publicado na página A-2, como de costume.

O artigo da professora Eliana Cardoso foi publicado na página A-3 da *Folha de S. Paulo*, em 29 de março de 1989.

O Estado, ou melhor, a crise do Estado é tema-chave do ex-ministro da Fazenda Luiz Carlos Bresser-Pereira em artigo publicado na página A-3 da *Folha de S. Paulo*, no dia 1º de junho de 1989, com o título "Explicações alternativas para a crise do Estado".

O então deputado federal Cesar Maia escreveu para a *Folha de S. Paulo* um texto que saiu na página A-3 do jornal, no dia 22 de julho de 1989, com o título "Prioridades reais e aparentes". No mesmo dia, também na *Folha de S. Paulo*, foi publicado o texto do professor Ives Gandra da Silva Martins: "A inflação federativa".

O texto do jurista Dalmo Dallari foi publicado na página A-3 da *Folha de S. Paulo*, em 22 de julho de 1989, com o título "O Estado-instrumento".

O editorial da *Folha de S. Paulo* de 3 de outubro de 1989 foi publicado, como de costume, na página A-2 do jornal e ganhou o título "Miséria de uma campanha".

ABERTURA

O artigo de Carlos Tavares de Oliveira publicado no jornal *O Globo* em 16 de fevereiro de 1989 saiu na página 29, com o título "Guerra à tolice".

O editorial da *Folha de S. Paulo* de 1º de novembro de 1989 citado neste capítulo foi publicado na página A-2, com o título "Retórica liberal".

O texto "O que tem de dar certo", de Augusto do Rego Bayan, foi publicado na página 4 do jornal *O Globo*, no dia 20 de janeiro de 1990.

O editorial do jornal *O Globo* de 24 de julho de 1989, citado neste capítulo, foi publicado na página 4, com o título "Lógica do comércio exterior".

O artigo de Mario Amato publicado em 25 de agosto de 1989, na página A-3 da *Folha de S. Paulo*, recebeu o título "Modernizar – verbo impositivo".

O editorial do jornal *O Globo* de 17 de janeiro de 1990 foi publicado na página 4, com o título "Sinais de amadurecimento".

REFORMA

O editorial da *Folha de S. Paulo* de 1º de janeiro de 1989, citado neste capítulo, foi publicado na página A-2, com o título "A estagnação brasileira". O outro, do mesmo jornal, de 6 de julho de 1989, também publicado na página A-2, chama-se "A força do passado".

O artigo de Fernando Henrique Cardoso, publicado na página A-2 da *Folha de S. Paulo*, em 6 de julho de 1989, chama-se "A novidade dos choques".

O texto de Márcio Thomaz Bastos saiu na página A-3 da *Folha de S. Paulo* de 13 de fevereiro de 1989, com o título "De olho no ano 2000".

A opinião do então deputado federal Francisco Dornelles, publicada na *Folha de S. Paulo* em 24 de abril de 1989, saiu na página A-3, com o título "O PFL e a eleição presidencial". A de Luiz Carlos Bresser-Pereira, no mesmo sentido, foi publicada em 1º junho de 1989, na página A-3, com o título "Explicações alternativas para a crise do Estado".

O artigo publicado em 27 de março de 1989, "Brasil: e agora?", de Luiz Inácio Lula da Silva, saiu na *Folha de S. Paulo*, na página A-2.

O CAÇADOR DE MARAJÁS

O discurso de Fernando Collor de Mello proferido na Câmara de Comércio de Londres foi publicado na íntegra, na página 6 do jornal *O Globo*, em 9 de fevereiro de 1990. A entrevista coletiva concedida em 14 de fevereiro também saiu no mesmo jornal, nas páginas 8 e 9, com o título "Vou declarar guerra à inflação". O discurso de posse, "Projeto de reconstrução nacional" foi proferido em 15 de março de 1990, no Congresso Nacional.

O livro dos pesquisadores Cesar Romero Jacob, Dora Rodrigues Hees, Philippe Waniez e Violette Brustlein ao qual este capítulo se refere chama-se *A geografia do voto nas eleições presidenciais do Brasil: 1989-2006* e foi publicado pela Editora PUC-Rio em parceria com a Vozes (2010).

IDEIAS, IDEIAS, IDEIAS

O trabalho dos pesquisadores William C. Wohlforth e Stephen G. Brooks, da Universidade de Dartmouth, chama-se "Power, Globalization and the End of the Cold War" (2000). O de Richard Ned Lebow está na coletânea *International Relations and the End of the Cold War*, reunida com seu colega Risse-Kappen sobre o fim da Guerra Fria (Lebow; Risse-Kappen, 1995).

O livro do professor Mark Blyth já foi citado anteriormente e chama-se *Great Transformations: Economic Ideas and Institutional Change in the Twentieth Century* (2002).

A referência à "privataria tucana" diz respeito ao livro homônimo do jornalista Amaury Ribeiro Jr., publicado em 2011 pela Geração Editorial.

Os números da carga tributária brasileira foram retirados do banco de dados do Instituto de Pesquisa Econômica Aplicada (Ipea), o Ipea Data.

A pesquisa do professor Robert English pode ser encontrada no artigo "The Sociology of New Thinking", publicado no periódico *Journal of Cold War Studies* (English, 2005).

A frase do professor indiano Amartya Sen, Prêmio Nobel de Economia, "A discussão pública é parte do coração de qualquer democracia", está em seu livro *The Argumentative Indian* (Sen, 2005).

Bibliografia

ABDENUR, R. "A política externa brasileira e o 'sentimento de exclusão'". In: FONSECA JR., G.; CASTRO, S. H. N. (orgs.). *Temas de política externa brasileira II*. São Paulo: Paz e Terra, 1994.

ABREU, M. de P. *A ordem do progresso: cem anos de política econômica republicana: 1889-1989*. Rio de Janeiro: Elsevier, 1999.

__________. *Comércio exterior: interesses do Brasil*. Rio de Janeiro: Elsevier, 2007

ARENDT, H. *Entre o passado e o futuro*. São Paulo: Perspectiva, 1999.

__________. *O que é política?* Rio de Janeiro: Bertrand Brasil, 2009.

ARMIJO, L. E. "Skewed Incentives to Liberalize Trade, Production, and the Capital Account". Annual Meeting of the International Studies Association. Los Angeles, Califórnia, 15-18 de março de 2000.

BARTHES, R. *Mythologies*. Nova York: Hill and Wang, 1972.

BAUMANN, R.; CANUTO, O.; GONÇALVES, R. *Economia internacional: teoria e experiência brasileira*. São Paulo: Campus, 2004.

BENNET, A. "The Guns That Didn't Smoke: Ideas and the Soviet Non-Use of Force in 1989". In: *Journal of Cold War Studies*, vol. 7, n. 2, primavera de 2005, pp. 81-109.

BENNET, L. M.; ENTMAN, R. (orgs.). *Mediated Politics: Communication in the Future of Democracy*. Cambridge: Cambridge University Press, 2001.

BERNAL MEZA, R. "A política exterior do Brasil: 1990-2002". In: *Revista Brasileira de Política Internacional*, vol. 45, n. 1, jan-jun de 2002, pp. 36-71.

BIELSCHOWSKY, R. *Pensamento econômico brasileiro*. Rio de Janeiro: Contraponto, 1988.

BLYTH, M. *Great Transformations: Economic Ideas and Institutional Change in the Twentieth Century*. Cambridge: Cambridge University Press, 2002.

BROOKS, S.; WOHLFORTH, W. "Economic Constraints and the Turn Towards Superpower Cooperation in the 1980s". In: NJØLSTAD, O. (org.). *From Conflict Escalation to Conflict Transformation: The Cold War in the 1980's*. Londres: Frank Cass, 2004.

__________. "Power, Globalization and the End of Cold War: Reevaluating a Landmark Case for Ideas". In: *International Security*, vol. 53, n. 3, inverno de 2000-2001, pp. 3-53.

BROWN, C. "Critical Theory and Postmodernism in International Relations". In: GROOM, A. J. R.; LIGHT, M. (orgs.). *Contemporary International Relations: A Guide to Theory*. Londres: Pinter, 1999.

BRYANT, J.; OLIVER, M. B. *Media Effects*. Nova York: Routledge, 2009.

BULL, H. "International Theory: The Case for the Classical Approach". In: *World Politics*, vol. 18, n. 3, 1966, pp. 361-377.

BUZAN, B. *People, States and Fear*. Brighton: Harvester Wheatsheaf, 1983.

CALLAGHAN, K.; SCHNELL, F. "Assessing the Democratic Debate: How The News Media Frame Elite Policy Discourse". In: *Political Communication*, vol. 18, 2001, pp. 183-212.

CAREY, J. *Communication as Culture: Essays on Media and Society*. Nova York: Routledge, 1989.

CARNEIRO, D. D; GARCIA, M. G. P. "Private International Capital Flows to Brazil". In: *Serie Financiamiento Del Desarrolo*, Cepal, 1995.

CHOMSKY, N. *Deterring Democracy*. Londres: Vintage, 1992.

CLARK, I. *Classical Theories in International Relations*. Nova York: Palgrave, 1999.

COHEN, A. *Two Dimensional Man: An Essay on the Anthropology of Power and Symbolism in Complex Society*. Los Angeles: University of California Press, 1974.

COHN, T. H. *Global Political Economy, Theory and Practice*. Nova York: Parson-Longman, 2005.

COLEMAN, S.; SPILLER, J. "Exploring New Media Effects on Representative Democracy". In: *The Journal of Legislative Studies*, vol. 9, n. 3, outono de 2003, pp. 1-16.

COLLING, L. "Agenda-setting e framing: reafirmando os efeitos limitados". In: *Famecos*, n. 14, Porto Alegre, abril de 2001, pp. 88-101.

__________. "O 'estado da arte' dos estudos sobre mídia e eleições presidenciais de 1989 a 2002". In: *Diálogos possíveis*, FSBA, jul-dez de 2007, pp. 30-45.

COLLINS, R. *Weberian Sociological Theory*. Nova York: Cambridge University Press, 1986.

CORNER, J. "Mediated Persona and Political Culture: Dimensions of Structure and Process". In: *European Journal of Cultural Studies*, vol. 3, n. 3, 2000, pp. 389-405.

CORREA, P.; MOREIRA, M. *Abertura comercial e industrial*. Rio de Janeiro: BNDES, 1996.

COUTO, J. M. "O pensamento desenvolvimentista de Raúl Prebisch". In: *Economia e Sociedade*, vol. 16, n. 1, 2007.

COX, R. W. "Democracy in Hard Times". In: MCGREW, A. (org.). *The Transformation of Democracy*. Cambridge: Polity, 1997.

__________. "Social Forces, States and World Orders: Beyond International Relations Theory". In: KEOHANE, R. O. (org.). *Neorealism and Its Critics*. Nova York: Columbia University Press, 1986.

CUNNINGHAM, B. "Re-thinking Objectivity". In: *Columbia Journalism Review*, jul-ago de 2003.

DAHLGREN, P. "The Transformation of Democracy?". In: AXFORD, B.; HUGGINS, R. (orgs.). *New Media and Politics*. Londres: Sage, 2001, pp. 64-88.

DANTAS, S. T. *Política externa independente*. Rio de Janeiro: Civilização Brasileira, 1962.

DELACAMPAGNE, C. *História da filosofia no século XX*. Rio de Janeiro: Jorge Zahar, 1997.

DITTMER, L. "Political Culture and Political Symbolism: Toward a Theoretical Synthesis". In: *World Politics*, vol. 29, n. 4, jul. de 1977, pp. 552-583.

ELIAS, N. *What Is Sociology?* Londres: Hutchinson, 1978.

ENGLISH, R. "The Sociology of New Thinking". In: *Journal of Cold War Studies*, vol. 7, n. 2, primavera de 2005, pp. 43-80.

ENTMAN, R. "Framing U.S. Coverage of International News: Contrasts in Narratives of the KAL and Iran Air Incidents". In: *Journal of Communication*, vol. 41, n. 4, dez. de 1991, pp. 2-136.

__________. "Framing: Toward a Clarification of a Fractured Paradigm". In: *Journal of Communication*, vol. 43, n. 4, outono de 1993, pp. 51-58.

ESCUDÉ, C.; FONTANA, A. "Argentina's Security Policies. Their Rationale and Regional Context". In: DOMÍNGUEZ, J. (org.). *International Security and Democracy*. Pittsburgh: University of Pittsburgh Press, 1996.

FARES, S. T. "O pragmatismo do petróleo: as relações entre o Brasil e o Iraque, de 1973 a 2007". Dissertação de mestrado. Universidade de Brasília, Instituto de Relações Internacionais, Programa de Pós-Graduação em Relações Internacionais, Brasília, 2007.

FEENSTRA, R. C. "Integration of Trade and Disintegration of Production in the Global Economy". In: *Journal of Economic Perspectives*, vol. 12, n. 4, 1998.

FERNANDES, L. "O Manifesto Comunista e o 'elo perdido' do sistema internacional". In: *Contexto Internacional,* vol. 20, n. 1, jan-jun de 1998, pp. 219-234.

FRANCO, G. H. B. *O desafio brasileiro: ensaios sobre desenvolvimento, globalização e moeda*. São Paulo: Editora 34, 1999.

FRANCO, G. H. B.; FRITSCH, W. "Assimetrias sistêmicas sob o padrão ouro". Textos para discussão, Departamento de Economia, PUC-Rio, Rio de Janeiro: 1988.

__________. *Foreign Direct Investment in Brazil: Its Impact on Industrial Restructuring*. Paris: OCDE, 1991.

FRIEDEN, J. A.; LAKE, D. A. *International Political Economy, Perspectives on Global Power and Wealth*. Boston e Nova York: Bedford/St. Martin's, 2000.

FRIEDEN, J. A. *Capitalismo global*. Rio de Janeiro: Jorge Zahar, 2008.

__________. *Global Capitalism*. Nova York: Norton, 2006.

FUKUYAMA, F. *Construção de Estados: governo e organização no século XXI*. Rio de Janeiro: Rocco, 2005.

FURTADO, C. *Análise do modelo brasileiro*. Rio de Janeiro: Civilização Brasileira, 1974.

GAMSON, W. A. *Talking Politics*. Cambridge: Cambridge University Press, 1992.

GAMSON, W. A.; CROTEAU, D.; HOYNES, W.; SASSON, T. "Media Images and the Social Construction of Reality". In: *Annual Review of Sociology*, vol. 18, 1992, pp. 373-393.

GARRETT, G. "Global Markets and National Politics: Collision Course or Virtuous Circle?". In: *International Organization*, vol. 52, n. 4, outono de 1998, pp. 787-824.

GIAMBIAGI, F. *Economia brasileira contemporânea*. São Paulo: Campus, 2004.

GIDDENS, A. *A Contemporary Critique of Historical Materialism*. Londres: Macmillan, 1981.

__________. *The Nation State and Violence*. Cambridge: Polity Press, 1985.

GILPIN, R. *The Political Economy of International Relations*. Princeton: Princeton University Press, 1987.

GODDARD, C. R.; CRONIN, P.; DASH, K. *International Political Economy, State-Market Relations in a Changing Global Order*. Colorado: Boulder, 2003.

GOFFMANN, E. *Frame Analysis*. Boston: Northeastern University Press, 1986.

GOLDSTEIN, J.; KEOHANE, R. (orgs.). *Ideas and Foreign Policy: Beliefs, Institutions, and Political Change*. Ithaca e Londres: Cornell University Press, 1996.

GOUREVITCH, P. *Politics in Hard Times*. Ithaca, NY: Cornell University Press, 1986.

GRAMSCI, A. *Quaderni del carcere*. Turim: Giulio Einaudi, 1975.

HABERMAS, J. *Conhecimento e interesse*. Rio de Janeiro: Guanabara, 1987.

__________. *The Structure Transformation of the Public Sphere: An Inquiry into a Category of Burgeois Society (Studies in Contemporary German Thought)*. Massachussets: The MIT Press, 1991.

__________. *The Theory of Communicative Action: Reason and the Rationalization of Society*. Massachussets: Beacon Press, 1985.

HALL, J. A. *Powers and Liberties*. Harmondsworth: Penguin, 1986.

HALL, P. A. (org.). *The Political Power of Economic Ideas: Keynesianism across Nations*. Princeton: Princeton University Press, 1989.

HALL, S.; HOBSON, D.; LOWE, A.; WILLIS, P. *Culture, Media, Language*. Nova York: Routledge, 1980.

HAMMER, R.; KELLNER, D. (orgs.). *Media/Cultural Studies*. Nova York: Peter Lang, 2009.

HART, R. P. *Seducing America: How Television Charms the Modern Voter*. Londres: Sage, 1999.

HIGGOTT, R. "International Political Economy". In: GROOM, A. J.; LIGHT, M. *Contemporary International Relations: A Guide to Theory*. Londres e Nova York: Pinter Publishers, 1999.

HIRST, M.; PINHEIRO, L. "A política externa do Brasil em dois tempos". In: *Revista Brasileira de Política Internacional*, 38, vol. 1, 1995, pp. 5-23.

HOBSBAWM, E. *A era dos extremos*. São Paulo: Companhia das Letras, 1996.

HOBSBAWM, E.; RANGER, T. (orgs.). *The Invention of Tradition*. Cambridge: Cambridge University Press, 1983.

HOBSON, J. M. "The Historical Sociology of the State and the State of Historical Sociology in International Relations". In: *Review of International Political Economy*, vol. 5, n. 2, verão de 1998, pp. 284-320.

HOLLIS, M. "The Last Post?". In: SMITH, S; BOOTH, K.; ZALEWSKI, M. (orgs.). *International Theory: Positivism and Beyond*. Cambridge: Cambridge University Press, 1996, pp. 301-308.

ITUASSU, A. "Ideias e política externa americana, uma discussão". In: *Contexto Internacional*, vol. 23, n. 2, jul-dez de 2001, pp. 361-398.

__________. "Rousseau, *Sturm und Drang*, civilização e barbárie: representação do embate entre culturas e a atualidade das discussões acerca do Iluminismo francês". In: *Alceu*, vol. 2, n. 4, jan-jul de 2002, pp. 173-190.

__________. "1989: o significado da internacionalização brasileira e o fim da Guerra Fria no Brasil – uma análise política de representações midiatizadas". Trabalho apresentado ao Grupo de Trabalho "Comunicação e Política", do XIX Encontro da Compós, na PUC-Rio, Rio de Janeiro, RJ, em junho de 2010.

__________. "O enquadramento (ou o preconceito) da descrença: uma análise das seções de Opinião de *O Globo* e da *Folha de S. Paulo* durante a campanha eleitoral de 2010". Trabalho apresentado ao Grupo de Trabalho "Comunicação e Política", do XX Encontro da Compós, na UFRGS, Porto Alegre, RS, em junho de 2011.

__________. "1989, um país de cabeça para baixo: o Brasil e a economia mundial no ano da virada – uma análise política de representações midiatizadas". Tese de doutorado. PUC-Rio, Instituto de Relações Internacionais, Rio de Janeiro, 2008.

__________. "Política externa e desenvolvimento no Brasil: dois paradigmas e uma crise". In: *Após*, Revista da Associação de Pós-Graduação da PUC-Rio, ano 1, edição 1, out. de 1999, pp. 7-32.

__________. "Tradição e política externa americana, de 1898 a 1917 – uma discussão sobre ideias e política". Dissertação de mestrado. PUC-Rio, Instituto de Relações Internacionais, Rio de Janeiro, 2000.

JACOB, C. R.; HESS, D. R.; WANIEZ, P.; BRUSTEIN, V. *A geografia do voto nas eleições presidenciais do Brasil: 1989-2006*. Rio de Janeiro e Petrópolis: Editora PUC-Rio/Editora Vozes, 2010.

JACKSON, R.; SORENSEN, G. *International Relations: Theories and Approaches*. Oxford: Oxford University Press, 2003.

JAGUARIBE, H. *O nacionalismo na atualidade brasileira*. Rio de Janeiro: Iseb/MEC, 1958.

JAGUARIBE, H.; LESTON, E. P. "Brasil: un analisis politico". In: *Desarrollo Económico*, vol. 8, n. 30-31, America Latina 4, jul-dez de 1968, pp. 349-403.

JARDIM, E. *Hannah Arendt: pensadora da crise e de um novo início*. Rio de Janeiro: Civilização Brasileira, 2011.

JENSEN, K. B.; JANKOWSKI, N. (orgs.). *A Handbook of Qualitative Methodologies for Mass Communication Research*. Londres: Routledge, 1991.

JUNIOR, A. S. de C.; CAVALCANTE, A. R. F.; PEDONE, L. "Brazil's Foreign Policy Under Collor". In: *Journal of Interamerican Studies and World Affairs*, vol. 35, n. 1, 1993, pp. 119-144.

KATZENSTEIN, P.; KEOHANE, R.; KRASNER, S. *Exploration and Contestation in the Study of World Politics*. Nova York: The MIT Press, 1999.

KELLNER, D. *Media Culture: Cultural Studies, Identity and Politics Between the Modern and the Postmodern*. Nova York: Routledge, 2002.

KEOHANE, R.; NYE, J. *Power and Interdependence*. Nova York: HarperCollins, 1989.

KERTZER, D. "Political Rituals". In: CHELES, L.; SPONZA, L. (orgs.). *The Art of Persuasion: Political Communication in Italy from 1945 to the 1990s*. Manchester: Manchester University Press, 2001, pp. 99-112.

KEYNES, J. M. *A teoria geral do emprego, do juro e da moeda*. São Paulo: Abril Cultural, 1983.

KIM, S. H. *Max Weber's Politics of Civil Society*. Cambridge: Cambridge University Press, 2004.

KINDLEBERGER, C. *A Financial History of Western Europe*. Nova York: Oxford University Press, 1993.

KOSLOWSKI, R.; KRATOCHWIL, F. V. "Understanding Change in the International Politics: The Soviet Empire's Demise and the International System". In: *International Organization*, vol. 48, n. 2, primavera de 1994, pp. 215-247.

KRASNER, S. D. "State Power and the Structure of International Trade". In: *World Politics*, vol. 28, 1976, pp. 317-347.

KUME, H. *A proteção efetiva proposta na reforma tarifária de 1988*. Rio de Janeiro: Fundação Centro de Estudos do Comércio Exterior, 1989.

_________. *A política tarifária brasileira no período 1980-88: avaliação e reforma*. Rio de Janeiro: INPES/IPEA, 1990.

_________. "A reforma tarifária e a nova política de importação". In: VELLOSO, J. P. R. (org.). *O Brasil e a nova economia mundial*. Rio de Janeiro: José Olympio, 1991.

_________. "A política de importação do Plano Real e a estrutura de proteção efetiva". In: *A economia brasileira em perspectiva*. Rio de Janeiro: IPEA, 1998.

KUME, H.; COURSEUIL, C. H.; COELHO, A. M. *A abertura comercial brasileira nos anos 1990: impactos sobre emprego e salário*. Rio de Janeiro: Ipea, 2003.

LAFER, C. "A política externa do Governo Collor". In: *Política Externa*, vol. 1, n. 4, 1993.

LAKE, D. A. *Power, Protection and Free Trade*. Ithaca, NY: Cornell University Press, 1988.

LEBOW, R. N; RISSE-KAPPEN, T. (orgs.). *International Relations Theory and the End of the Cold War*. Nova York: Columbia University Press, 1995.

LIMA, M. R. S. "Teorias e conceitos de política internacional". *Paper,* Iuperj/Ucam e IRI/PUC-Rio, 2001.

_________. "Ejes analíticos y conflictos de paradigmas en la política exterior brasileña". In: *América Latina/Internacional*, v. 1, n. 2, 1994, pp. 27-46.

LINKLATER, A. *International Relations*. Florença: Routledge, 2000.

LITTLE, R. "International Relations and Large-Scale Historical Change". In: GROOM, A. J. R.; LIGHT, M. (orgs.). *Contemporary International Relations: A Guide to Theory*. Londres e Nova York: Pinter Publishers, 1999.

MACH, Z. *Symbols, Conflict and Identity: Essays in Political Anthropology*. Albany: State University of New York Press, 1993.

MARKWALD, R. "Abertura comercial e indústria: balanço de uma década". In: *Revista Brasileira de Comércio Exterior*, n. 68, jul, ago e set, 2001.

MCCULLAGH, C. *Media Power: A Sociological Introduction*. Houndmills, UK: Palgrave, 2002.

MCGREW, A. (org.). *The Transformation of Democracy? Globalization and Territorial Democracy*. Cambridge: Polity Press, 1997.

MELO, J. M. de. *A opinião no jornalismo brasileiro*. Petrópolis: Vozes, 1985.

MIGUEL, L. F.; BIROLI, F. (orgs.). *Mídia, representação e democracia*. São Paulo: Hucitec, 2010.

NEUFELD, M. *The Restructuring of International Relations Theory*. Cambridge: Cambridge University Press, 1996.

NICHOLSON, M.; BENNET, P. "The Epistemology of International Relations and Formal Methods of Analysis in IR". In: GROOM, A. J. R.; LIGHT, M. (orgs.). *Contemporary International Relations: A Guide to Theory*. Londres e Nova York: Pinter Publishers, 1999.

OLIVA, A. *Epistemologia: a cientificidade em questão*. Campinas: Papirus, 1990.

PAN, Z. P.; KOSICKI, G. M. "Framing Analysis: An Approach to News Discourse". In: *Political Communication*, vol. 10, n. 1, 1993, pp. 55-75.

PEREIRA, M.; GOMES, R. C.; FIGUEIREDO, V. (orgs.). *Comunicação, representação e práticas sociais*. Rio de Janeiro: Editora PUC-Rio/Ideias e Letras, 2004.

POLANYI, K. *The Great Transformation*. Boston: Beacon, 2001.

POLLARD, S. *Peaceful Conquest*. Oxford: Oxford University Press, 1981.

PORTER, M. "Changing Patterns of International Competition". In: *California Management Review*, inverno de 1986, pp. 9-40.

POTTER, J. *Representing Reality: Discourse, Rhetoric and Social Construction*. Londres: Sage, 1996.

PREBISCH, R. "O desenvolvimento da América Latina e seus principais problemas". In: *Revista Brasileira de Economia*, ano 3, n. 3, Fundação Getúlio Vargas, Rio de Janeiro, setembro de 1949.

PUCHALA, D. *Theory and History in International Relations*. Nova York: Routledge, 2003.

REUS-SMIT, C. "The Idea of History and History with Ideas". In: HOBDEN, S.; HOBSON, J. M. (orgs.). *Historical Sociology of International Relations*. Cambridge: Cambridge University Press, 2002.

ROGOWSKI, R. *Commerce and Coalitions*. Princeton, N. J.: Princeton University Press, 1989.

ROSSI JÚNIOR, J. L.; FERREIRA, P. C. *Evolução da produtividade industrial brasileira e abertura comercial*. Rio de Janeiro: Ipea, 1999.

RUBIM, A. A. C.; AZEVEDO, F. A. "Mídia e política no Brasil: textos e agendas de pesquisa". In: *Lua Nova*, n. 43, vol. 98, pp. 189-222.

RUNCIMAN, W. G. *A Treatise on Social Theory*. Cambridge: Cambridge University Press, 1989.

SARAIVA, M. G.; TEDESCO, L. "Argentina e Brasil: políticas exteriores comparadas depois da Guerra Fria". In: *Revista Brasileira de Política Internacional*, vol. 44, n. 2, Instituto Brasileiro de Relações Internacionais, Brasília, out. de 2001, pp. 126-50.

SCHEUFELE, D. A. "Framing as a Theory of Media Effects". In: *Journal of Communication*, vol. 49, n. 1, inverno de 1999, pp. 103-122.

SEN, A. *The Argumentative Indian*. Londres: Penguin, 2005.

SINGER, P. "O Brasil no contexto do capitalismo internacional". In: *Revista Mexicana de Sociologia*, vol. 36, n. 3, jul-set de 1974, pp. 547-593.

SKOCPOL, T. *States and Social Revolutions*. Cambridge: Cambridge University Press, 1979.

SMITH, A. *The Wealth of Nations*. Nova York: Prometheus, 1991.

SMITH, S. "Positivism and Beyond". In: SMITH, S.; BOOTH, K; ZALEWSKI, M. (orgs.). *International Theory: Positivism and Beyond*. Cambridge: Cambridge University Press, 1996.

SOUZA FILHO, D. M. *Filosofia, linguagem e comunicação*. São Paulo: Cortez, 1992.

SPRUYT, H. *The Sovereign State and Its Competitors*. Princeton: Princeton University Press, 1994.

STRANGE, S. *States and Markets*. Londres e Nova York: Pinter Publishers, 1998.

STREET, J. "Politics Lost, Politics Transformed, Politics Colonized? Theories of the Impact of Mass Media". In: *Political Studies Review*, vol. 3, 2005, pp. 17-33.

TANNENWALD, N. "Ideas and Explanation: Advancing the Theoretical Agenda". In: *Journal of Cold War Studies*, vol. 7, n. 2, primavera de 2005, pp. 13-42.

TAVARES, M. da C. *Da substituição de importações ao capitalismo financeiro*. Rio de Janeiro: Jorge Zahar, 1972.

TEWKSBURRY, D. et al. "The Interaction of News and Advocate Frames: Manipulating Audience Perceptions of a Local Public Policy Issue". In: *Journalism and Mass Communication Quarterly*, vol. 77, 2000, pp. 804-829.

THOMAS, D. C. "Human Right Ideas, the Demise of Communism, and the End of the Cold War". In: *Journal of Cold War Studies*, vol. 7, n. 2, primavera de 2005, pp. 110-141.

THWAITES, T.; DAVIS, L.; MULES, W. *Introducing Cultural and Media Studies*. Nova York: Pagrave, 2002.

TRENTMANN, F. "Political Culture and Political Economy: Interest, Ideology and Free Trade". In: *Review of International Political Economy*, vol. 5, n. 2, verão de 1998, pp. 217-251.

VAN GORP, B. "The Constructionist Approach to Framing: Bringing Culture Back In". In: *Journal of Communication*, vol. 57, n. 1, 2007, pp. 60-78.

VIEIRA, S. M. *A eleição do futuro*. Niterói: UFF, Departamento de Ciência Política, 2006.

VREESE, C. H. "News Framing: Theory and Typology". In: *Information Design Journal + Document Design*, vol. 13, n. 1, 2005, pp. 51-62.

WALKER, R. J. B. *Inside/Outside: International Relations as Political Theory*. Cambridge: Cambridge University Press, 1993.

WENDT, A. "Anarchy is what States Make of it: The Social Construction of Power Politics". In: *International Organization*, vol. 46, n. 2, primavera de 1992, pp. 391-425.

__________. "The Agent-Structure Problem in International Relations Theory". In: *International Organization*, vol. 41, n. 3, verão de 1987.

__________. *Social Theory of International Politics*. Cambridge: Cambridge University Press, 1999.

WILLIAMS, M. *Problems of Knowledge: a Critical Introduction to Epistemology*. Oxford, NY: Oxford University Press, 2001.

ZEHFUSS, M. *Constructivism in International Relations: The Politics of Reality*. Cambridge: Cambridge University Press, 2002.

Glossário

Acordo de Livre Comércio da América do Norte: tratado de livre comércio assinado por Estados Unidos, Canadá e México, mais conhecido como o North American Free Trade Agreement (Nafta). Entrou em vigor em janeiro de 1994 e representa o tipo mais superficial de acordo regional, com o objetivo apenas de revogar as restrições comerciais entre os países. Outros tipos mais densos de acordos regionais são: a união aduaneira, que prevê a unificação da lista tarifária entre os membros signatários – o Mercosul hoje é considerado uma união aduaneira imperfeita; o mercado comum, cujo objetivo é estabelecer uma zona de livre comércio, de união aduaneira, mas também com livre circulação dos recursos de produção (capital e trabalho); e, finalmente, a união econômica, o caso atual da União Europeia, com um banco central único e uma moeda única.

Acordo Geral de Tarifas e Comércio: mais conhecido como Gatt, General Agreement on Tariffs and Trade, o Acordo Geral de Tarifas e Comércio foi assinado em 1947, no contexto do pós-guerra, e durou até 1993. Foi no ambiente do Gatt que se discutiram as reduções tarifárias durante boa parte do século XX, em especial no comércio de bens industriais. Com uma dinâmica calcada nas "rodadas de negociação", o Gatt deu origem à Organização Mundial do Comércio, que entrou em vigor em 1995.

Acordo Nuclear Quadripartite de Salvaguardas: o acordo, assinado pelo Brasil, pela Argentina, pela Agência Brasileiro-Argentina de Contabilidade e Controle de Materiais Nucleares (Abacc) e pela Agência Internacional de Energia Atômica (Aiea), prevê as atividades de cooperação na aplicação conjunta de salvaguardas nucleares.

Acordos de Bretton Woods: negociados em julho de 1944, em Bretton Woods, New Hampshire, nos Estados Unidos, os Acordos de Bretton Woods estabeleceram as novas regras para o comércio e as finanças internacionais do pós-guerra. No contexto da reconstrução da Segunda Guerra Mundial e da recuperação econômica pós-Crise de 1929, foi gerado um sistema que permitia com facilidade expansões monetárias por parte dos governos. Entre as medidas mais importantes dos acordos estão a criação do Fundo Monetário Internacional, do Banco Mundial (Banco Internacional para a Reconstrução e o Desenvolvimento) e do Acordo Geral de Tarifas e Comércio, o Gatt. Os acordos previram que as moedas nacionais teriam seu valor fixo em relação ao dólar e este seria lastreado em ouro pelo Tesouro americano. Com a expansão monetária desenfreada nos Estados Unidos, em especial a partir de meados dos anos 1960, e a falência do lastro, a flutuação do dólar estabelecida no governo Nixon em 1971 abriu uma crise no sistema e deu origem a um novo mercado cambial que iria se consolidar posteriormente com a globalização.

Adam Smith: economista britânico, talvez o principal ícone do liberalismo econômico moderno. Adam Smith nasceu em 1723 e morreu em 1790 e foi autor do clássico *A riqueza das nações*, de 1776.

Afif: ver Guilherme Afif Domingos.

Agência Brasileiro-Argentina de Contabilidade e Controle de Materiais Nucleares (Abacc): órgão que garante, entre outras coisas, que todos os materiais e instalações nucleares existentes no Brasil e na Argentina sejam utilizados para fins exclusivamente pacíficos.

Alan García Pérez: presidente do Peru por dois mandatos: entre 1985 e 1990 e entre 2006 e 2011.

Alexander Hamilton: um dos chamados Pais Fundadores dos Estados Unidos. Foi o primeiro secretário do Tesouro norte-americano. Morreu em 12 de julho de 1804.

Alexander Yakovlev: político e historiador russo, é considerado o pai intelectual das reformas implementadas pelo secretário-geral Mikhail Gorbachev na União Soviética. Morreu em outubro de 2005.

Amartya Sen: economista e cientista social indiano, recebeu o Prêmio Nobel de Economia de 1998 por suas contribuições no combate à pobreza no mundo.

Apartheid: regime racista que vigorou na África do Sul entre 1948 e 1994. Terminou oficialmente com a eleição de Nelson Mandela como presidente.

Balanço de Pagamentos: relação contábil das transações de um país com o mundo, durante o período de um ano.

Boris Yeltsin: político soviético reformista, foi o primeiro presidente da Federação Russa, entre 1991 e 1999. Morreu em 23 de abril de 2007.

Cacex: a Carteira de Comércio Exterior do Banco do Brasil foi criada em 1953 para atuar no licenciamento de exportações e importações e no financiamento do comércio exterior brasileiro. Além disso, foi o órgão responsável pelas estatísticas do comércio internacional brasileiro. A instituição foi extinta em 1990 e suas funções distribuídas entre a Secretaria de Comércio Exterior e a Agência de Promoção de Exportações e Investimentos, subordinadas ao Ministério do Desenvolvimento, Indústria e Comércio Exterior.

Carlos Andrés Pérez: presidente da Venezuela duas vezes, entre 1974 e 1979 e entre 1989 e 1993. Sofreu tentativa de golpe liderada pelo atual presidente Hugo Chávez em fevereiro de 1992. Pérez morreu em 25 de dezembro de 2010.

Carlos Menem: presidente da Argentina entre 1989 e 1999.

Carlos Salinas: economista, foi presidente do México entre 1988 e 1994.

Celso Furtado: um dos mais destacados economistas do desenvolvimentismo brasileiro. Autor da obra clássica *Formação econômica do Brasil*, de 1958. Morreu no Rio de Janeiro, em novembro de 2004.

Central de Inteligência Americana: polêmica agência do governo dos Estados Unidos que atua no âmbito da segurança nacional, criada em 1947. Costuma ser diferenciada do FBI, Federal Bureau of Investigation, pelo fato de que este último órgão tem suas funções de polícia restritas, ao menos teoricamente, ao território norte-americano.

Cepal: ver Comissão Econômica para a América Latina e o Caribe.

Cesar Maia: político carioca, foi prefeito do Rio de Janeiro por três vezes, entre 1993 e 1997, 2001 e 2005, e 2005 e 2009. Foi exilado no Chile durante o regime militar, voltando ao Brasil em 1973. Foi eleito, em 1986, deputado constituinte para a Assembleia de 1988.

Choques do petróleo: dois choques do petróleo ocorreram nos anos 1970. O primeiro, em 1973, elevou o preço do barril em mais de 300% e ocorreu em protesto dos países produtores ao apoio dos Estados Unidos a Israel na Guerra do Yom Kippur. O segundo, em 1979, esteve ligado ao contexto da Revolução Islâmica no Irã, que depôs o xá Reza Pahlevi.

Comissão de Política Aduaneira: ver Conselho de Política Aduaneira.

Comissão Econômica para a América Latina e o Caribe: órgão da ONU mais conhecido por sua sigla, Cepal, a Comissão foi criada em 1958 para incentivar a cooperação entre os países da reunião. Acabou se tornando um verdadeiro *think tank* do desenvolvimentismo na América Latina.

Comunidade Econômica Europeia: criada no Tratado de Roma, de 1957, estabeleceu o Mercado Comum Europeu, com uma lista tarifária única entre os signatários e políticas conjuntas para agricultura, mão de obra e transportes. Os Estados que formaram a CEE foram: Alemanha Ocidental, França, Itália, Bélgica, Holanda e Luxemburgo.

Confederação Nacional do Comércio: entidade representativa do empresariado brasileiro, criada em 30 de novembro de 1945.

Conferência das Nações Unidas sobre Meio Ambiente e Desenvolvimento: também chamada de Eco-92, a reunião, com chancela da ONU, foi realizada entre 3 e 14 de junho de 1992 no Rio de Janeiro, com o objetivo de alavancar uma agenda que aliasse o desenvolvimento econômico com a preservação do meio ambiente no mundo.

Conselho de Política Aduaneira: criado em 1957, suas funções eram assessorar o ministro da Fazenda em assuntos aduaneiros, fixar e alterar alíquotas de importação e atualizar nomenclaturas, além de propor alterações. A partir de 26 de maio de 1959, transformou-se no órgão supervisor da política aduaneira no Brasil. Em 1979, passou a se chamar Comissão de Política Aduaneira.

Cortina de Ferro: termo utilizado para representar o domínio da União Soviética sobre o Leste Europeu durante a Guerra Fria, tornou-se popular a partir do discurso de Winston Churchill proferido no Westminster College, em 5 de março de 1946, data que marcou para os soviéticos o princípio da Guerra Fria. "Uma sombra se abateu sobre os cenários recentemente iluminados pela vitória aliada", afirmou Churchill, na ocasião. "Uma cortina de ferro foi arriada sobre a Europa."

Crise da Dívida: série de crises econômicas nos países da América Latina que se sucederam ao pedido de moratória feito pelo México em 1982, no contexto de elevação das taxas de juros no mercado internacional.

Dalmo de Abreu Dallari: um dos principais juristas brasileiros, formado pela Universidade de São Paulo (USP), onde é professor emérito. Autor da obra clássica *Elementos de Teoria Geral do Estado*, de 1989.

Diretas Já: movimento popular pelas eleições diretas ocorrido no Brasil entre os anos de 1983 e 1984, no contexto do fim do regime militar. Um marco histórico das manifestações foi o Comício da Candelária, no Rio de Janeiro, em 10 de abril de

1984, que reuniu cerca de um milhão de pessoas. O comício é considerado a maior manifestação popular da história política brasileira.

Domenico Losurdo: filósofo e historiador italiano, leciona na Universidade de Urbino.

Eco-92: ver Conferência das Nações Unidas sobre Meio Ambiente e Desenvolvimento.

Eduard Shevardnadze: político soviético reformista, foi ministro das Relações Exteriores da União Soviética (URSS) entre julho de 1985 e janeiro de 1990. Foi também presidente da Geórgia entre 1995 e 2003, após a dissolução da URSS.

Era de Ouro: como é normalmente denominado o período no século XIX em que as principais economias do mundo adotaram o chamado "padrão ouro". Quando o governo de um país adotava o sistema, comprometia-se a trocar sua moeda por uma quantidade de ouro a uma taxa estabelecida. A Grã-Bretanha foi o primeiro país a adotar o lastro. No entanto, por volta de 1880, a maior parte do mundo industrial havia adotado o sistema. Com isso, o mundo econômico praticamente funcionava com uma moeda única, o ouro, que era utilizado em todas as trocas internacionais dos países inseridos no regime. Dessa forma, o comércio e as finanças internacionais cresceram e atingiram níveis de interdependência só superados novamente no final do século XX, com a globalização.

Erich Honecker: secretário-geral do partido comunista da Alemanha Oriental, o Partido Socialista Unificado da Alemanha, entre 1971 e 1989. Morreu de câncer em maio de 1994, no Chile.

Ernesto Geisel: militar brasileiro de ascendência germânica, foi presidente do Brasil entre 1974 e 1979.

Escola de Frankfurt: refere-se normalmente aos trabalhos de um grupo de sociólogos influenciados pelo marxismo reunidos no Instituto para Pesquisa Social, da Universidade de Frankfurt. Nos anos 1930 e 1940, destacam-se entre eles os nomes de Max Horkheimer, Theodor Adorno, Herbert Marcuse e Walter Benjamin. Posteriormente, a partir dos anos 1960, Jürgen Habermas tornou-se o principal expoente dessa tradição intelectual.

Exército Vermelho: inicialmente utilizado para referir-se às milícias comunistas da Revolução Russa de 1922, o termo acabou englobando o exército nacional soviético e se tornou popular em especial a partir da campanha vitoriosa na Segunda Guerra Mundial. Oficialmente, o termo "Exército Vermelho" foi substituído por "Exército Soviético" em 25 de fevereiro de 1946.

Federação das Indústrias do Estado de São Paulo: mais conhecida pela sua sigla, a Fiesp, criada em 1931, é a principal entidade representativa empresarial do estado de São Paulo, o maior estado industrial do Brasil.

Fernando Collor de Mello: político do estado de Alagoas, foi presidente do Brasil entre março de 1990 e dezembro de 1992, destituído do poder pelo Congresso Nacional por acusações de corrupção. Em 2010, foi eleito senador da República.

Fernando Henrique Cardoso: cientista social e político, foi senador, ministro das Relações Exteriores, ministro da Fazenda e presidente do Brasil entre 1995 e 2002. Como ministro da Fazenda no governo Itamar Franco, implantou o Plano Real, o programa de combate à inflação e estabilização da economia brasileira que teve início em 1993.

Francisco Dornelles: político mineiro, foi ministro da Fazenda, em 1985, da Indústria, do Comércio e do Turismo, entre 1996 e 1998, e do Trabalho, entre 1999 e 2002. Em 2006, foi eleito senador pelo estado do Rio de Janeiro, onde possui residência.

Frederik Willem de Klerk: o sétimo e último presidente do regime racista na África do Sul, o *apartheid*. Ficou no poder entre setembro de 1989 e maio de 1994, passando o cargo para o ativista negro Nelson Mandela.

Friedrich Hayek: economista e filósofo liberal nascido em 1899 no Império Austro-Húngaro, é autor da obra clássica *O caminho da servidão*, escrita no início dos anos 1940, quando alertou para os perigos do centralismo e do planejamento burocrático das sociedades e dos mercados pelos governos nacionais. Recebeu o Prêmio Nobel de Economia em 1974 e morreu em Freiburg, na Alemanha, em 23 de março de 1992, aos 92 anos.

Fundo Monetário Internacional: uma das instituições criadas após a Segunda Guerra Mundial para gerir a economia internacional. Entrou em vigor em dezembro de 1945 com as funções de garantir a cooperação no gerenciamento monetário dos países, assegurar a estabilidade financeira internacional, propiciar o intercâmbio comercial e monitorar as contas nacionais dos seus signatários.

G-77: coalizão dos países em desenvolvimento com o intuito de promover os interesses coletivos do grupo perante os mais diversos fóruns na ONU.

Gatt: ver Acordo Geral de Tarifas e Comércio.

George Bush: conhecido também como George H. W. Bush, 41º presidente dos Estados Unidos. Não confundir com seu filho, George W. Bush, 43º presidente dos Estados Unidos. George Bush foi vice-presidente no governo Ronald Reagan, entre 1981 e 1989, e esteve na Casa Branca entre janeiro de 1989 e janeiro de 1993.

Glasnost: junto com o termo *perestroika*, forma os dois conceitos que idealizaram as reformas na antiga União Soviética, levadas à frente pelo secretário-geral Mikhail Gorbachev. *Glasnost* significa "abertura" e indica o desejo de "transparência" às atividades do governo comunista em Moscou.

Guilherme Afif Domingos: empresário paulista, foi candidato à presidência do Brasil em 1989 pelo Partido Liberal, quando recebeu mais de três milhões de votos.

Gustavo Franco (Gustavo H.B. Franco): economista formado na PUC-Rio, professor de economia na mesma instituição, foi presidente do Banco Central entre 1997 e 1999 e um dos pais do Plano Real.

Gyula Horn: último ministro das Relações Exteriores da Hungria comunista, teve um papel central na dissolução da Cortina de Ferro e foi primeiro-ministro no país entre 1994 e 1998.

Helmut Kohl: político conservador filiado à União Cristã Democrática alemã, foi chanceler (primeiro-ministro) da Alemanha Ocidental entre 1982 e 1990 e da Alemanha unificada entre 1990 e 1998.

Henry Kissinger: nascido na Alemanha em 1923, o acadêmico e diplomata foi Secretário de Estado no governo Richard Nixon entre 1973 e 1977 e Assessor de Segurança Nacional do mesmo presidente entre 1969 e 1975. Possui livros publicados no campo das relações internacionais, assessorou vários presidentes desde então e recebeu o polêmico Prêmio Nobel da Paz de 1973, pelas negociações de cessar-fogo na Guerra do Vietnã (1955-1975). Pairam sobre Kissinger acusações de crime contra a humanidade por suas atuações tanto no conflito no Sudeste Asiático quanto por sua participação no golpe de Estado contra Salvador Allende no Chile em 1973.

Immanuel Kant: filósofo do iluminismo alemão do século XVIII, autor das obras clássicas *Crítica da razão prática* e *Crítica da razão pura*. É considerado um dos autores mais originais e importantes da crítica à metafísica. Morreu em 12 de fevereiro de 1804, aos 79 anos.

Isaiah Berlin: filósofo e cientista social britânico especializado na história das ideias, foi um dos grandes pensadores liberais do século XX e talvez o principal articulador da noção de "liberdade negativa". Tornou-se Sir Isaiah Berlin em 1957 e morreu em Oxford, na Inglaterra, em 1997, aos 88 anos.

Itamar Franco: nascido em Salvador, Itamar Franco construiu sua vida política em Minas Gerais. Foi senador pelo estado entre 1975 e 1983, 1983 e 1990 e eleito novamente em 2010. Foi vice-presidente entre 1990 e 1992 e se tornou presidente com o *impeachment* de Fernando Collor de Mello, ficando no poder entre 1992 e 1994. Durante o seu governo lançou o Plano Real, com Fernando Henrique Cardoso no Ministério da Fazenda. Morreu em julho de 2011, senador, aos 81 anos.

Jagdish Bhagwati: nascido na Índia, é professor na Universidade de Columbia, nos Estados Unidos. Conhecido por suas posições a favor do livre comércio internacional, tem várias obras publicadas sobre o assunto.

James Madison: talvez o teórico mais influente entre os Pais Fundadores norte-americanos, Madison foi presidente dos Estados Unidos entre 1809 e 1817. Autor e grande defensor da Carta dos Direitos do Cidadão, é também conhecido como o "pai da Constituição americana".

João Goulart: popularmente conhecido como Jango, João Goulart foi o presidente deposto no Brasil pelo golpe militar de 1964. Foi eleito vice-presidente na eleição de 1960 e chegou ao poder em 1961, com a renúncia de Jânio Quadros.

João Paulo II: o polonês Karol Józef Wojtyla foi o líder da Igreja Católica e soberano da Cidade do Vaticano entre 1978 e 2005, o primeiro pontífice não italiano desde o holandês Adriano VI, em 1522. Teve grande influência nos desenvolvimentos da Guerra Fria desde o início de seu papado, com especial atenção para a visita a sua terra natal em 1979.

Joaquim Nabuco: político, historiador e diplomata, Joaquim Nabuco é um dos grandes nomes do liberalismo brasileiro. Foi um dos fundadores da Academia Brasileira de Letras e teve grande participação na luta abolicionista no Brasil. Morreu em 17 de janeiro de 1910, aos 60 anos.

John Maynard Keynes: economista britânico, talvez o mais influente pensador da economia do século XX. Foi um grande defensor, nos anos 1930, de políticas fiscais e monetárias "anticíclicas", como forma de combater os males da recessão econômica nos países, instrumentos hoje amplamente utilizados pelas autoridades no gerenciamento macroeconômico das nações. Morreu em 1946, aos 62 anos.

John Rawls: filósofo americano, um dos autores mais importantes do direito no campo da moral, com contribuições fundamentais à filosofia política moderna. Morreu em 2002, aos 81 anos.

John Stuart Mill: filósofo britânico do século XIX, suas obras são referência fundamental nos campos da teoria política, com especial atenção ao seu conceito de liberdade, que marca a necessidade da autonomia do indivíduo frente ao controle social exercido pelo Estado. Morreu em 1873, em Avignon, na França, aos 66 anos.

José Sarney: político brasileiro nascido no Maranhão e oriundo das classes conservadoras, foi eleito vice-presidente do Brasil no pleito indireto de 1985 e tornou-se presidente com a morte de Tancredo Neves. Ficou no cargo até 1990, quando foi sucedido por Fernando Collor de Mello.

José Serra: economista e político paulista, foi deputado federal, ministro do Planejamento, senador, ministro da Saúde e prefeito de São Paulo. Foi candidato duas vezes à presidência, sendo derrotado por Luiz Inácio Lula da Silva, em 2002, e Dilma Rousseff, em 2010.

Josef Stálin: primeiro secretário-geral do Partido Comunista da União Soviética entre 1922 e sua morte, em 1955. Foi o grande representante soviético nas negociações do pós-guerra, junto com Winston Churchill e Franklin Roosevelt.

Jürgen Habermas: filósofo e cientista social alemão, da segunda geração da Escola de Frankfurt, obteve amplo reconhecimento com suas noções de "esfera pública" e "ação comunicativa".

Juscelino Kubitschek: político mineiro, fundador de Brasília, foi prefeito de Belo Horizonte, governador de Minas Gerais e presidente do Brasil entre 1956 e 1961. Morreu em um acidente de carro em 22 de agosto de 1976, aos 73 anos.

Karl Popper: filósofo britânico, foi professor e reitor da London School of Economics and Political Science. Um dos grandes nomes da filosofia da ciência do século XX, ganhou especial reconhecimento com seu "princípio da refutabilidade científica". Tornou-se "Sir" em 1965 e morreu em setembro de 1994, aos 92 anos.

Károly Grósz: secretário-geral do partido comunista húngaro entre maio de 1988 e outubro de 1989. Morreu em 1996, aos 65 anos.

Kremlin: "fortaleza", em russo, refere-se em especial à sede do governo em Moscou.

Lech Walesa: ativista e político polonês, foi um dos fundadores do Solidariedade, o primeiro sindicato independente do antigo bloco comunista. Prêmio Nobel da Paz de 1983, por sua luta contra o regime comunista na Polônia, Walesa foi presidente do país entre 1990 e 1995.

Leonel Brizola: político gaúcho, foi prefeito de Porto Alegre, governador do Rio Grande do Sul, deputado federal e governador do Rio de Janeiro. Disputou e perdeu as eleições presidenciais de 1989 e de 1994 pelo Partido Democrático Trabalhista (PDT). Morreu em junho de 2004, aos 82 anos.

Leonid Brezhnev: secretário-geral do Partido Comunista Soviético entre 1964 e sua morte, em 1982. Emprestou seu nome à doutrina que regeu a política externa de Moscou até o fim dos anos 1980, segundo a qual qualquer ameaça a um país comunista era vista como um problema de todo o bloco, em especial da União Soviética. Não à toa, os acontecimentos no Leste Europeu em 1989 giraram em torno da manutenção ou não da chamada Doutrina Brezhnev, ou seja, do uso ou não da força por parte dos soviéticos para conter as transformações da época.

Luiz Carlos Bresser-Pereira: economista e cientista político paulista, Bresser-Pereira foi ministro da Fazenda entre abril e dezembro de 1987, no governo José Sarney. Foi o idealizador do Plano Bresser, após o fracasso do Plano Cruzado, com o objetivo de tentar conter a inflação no país.

Luiz Inácio Lula da Silva: líder sindical paulista, ganhou reconhecimento por sua luta contra a ditadura em São Paulo nos anos 1980. Foi um dos fundadores do Partido dos Trabalhadores, deputado federal por São Paulo e presidente do Brasil entre 2003 e 2011. Terminou seus dois mandatos com uma aprovação de mais de 80% nas pesquisas.

Maílson da Nóbrega: economista e ministro da Fazenda entre janeiro de 1988 e março de 1989.

Manifestações na Praça da Paz Celestial: protestos organizados por estudantes chineses entre 15 de abril e 4 de junho de 1989. As manifestações em prol de mais liberdade política e de reformas econômicas ocorreram em Pequim, em torno da Praça da Paz Celestial, mas também em Xangai, Wuhan, Xi'an e Changsha.

Márcio Thomaz Bastos: jurista, advogado criminalista, foi ministro da Justiça entre 2003 e 2007, no governo Lula.

Margaret Thatcher: política britânica conservadora, foi primeira-ministra da Grã-Bretanha entre 1979 e 1990. Sua postura rígida contra os sindicatos e em prol de reformas econômicas na Inglaterra bem como seu discurso duro contra os comunistas e a União Soviética lhe deram o apelido de "Dama de Ferro".

Maria da Conceição Tavares: economista nascida em Portugal e naturalizada brasileira, é professora da Universidade Estadual de Campinas e um dos principais nomes do desenvolvimentismo no Brasil.

Mario Covas: político paulista, foi deputado federal, prefeito de São Paulo, senador e governador de São Paulo entre 1995 e 2001. Foi candidato derrotado à presidência em 1989 pelo Partido da Social Democracia Brasileira, que ajudou a fundar.

Mário Henrique Simonsen: economista carioca, professor da Fundação Getúlio Vargas no Rio de Janeiro, é um dos principais nomes do pensamento econômico brasileiro. Foi ministro da Fazenda, entre 1974 e 1979, e ministro do Planejamento em 1979, durante o regime militar.

Mario Vargas Llosa: escritor e ensaísta, Prêmio Nobel de Literatura em 2010, foi candidato à presidência do Peru em 1990, propondo medidas liberalizantes ao país. Venceu no primeiro turno, mas foi derrotado no segundo pelo conservador Alberto Fujimori.

Miguel Arraes: político tradicional do estado de Pernambuco, foi prefeito de Recife, deputado estadual, deputado federal e três vezes governador do estado. Foi preso e condenado pelo regime militar, viveu no exílio e retornou ao país em 1979, no contexto da Lei da Anistia.

Mikhail Gorbachev: secretário-geral do Partido Comunista Soviético entre 1985 e 1991, foi o último chefe de Estado da União Soviética.

Miklós Németh: primeiro-ministro reformista da Hungria entre novembro de 1988 e maio de 1990, um dos grandes idealizadores e responsáveis pelas transformações que ocorreram em 1989 em todo o Leste Europeu.

Milos Jakes: secretário-geral do Partido Comunista da Tchecoslováquia entre 1987 e 1989. Renunciou ao cargo no contexto da Revolução de Veludo.

Milton Friedman: economista liberal americano, Prêmio Nobel de Economia de 1976, foi professor da Universidade de Chicago por mais de três décadas e um dos pensadores mais influentes na economia mundial do século XX. Morreu em 2006, na Califórnia, com 94 anos.

Nafta: ver Acordo de Livre Comércio da América do Norte.

Nelson Mandela: líder, ativista negro sul-africano, lutou contra o regime racista do *apartheid*. Foi preso no início dos anos 1960 e somente libertado em 1990, por Frederik Willem de Klerk. Foi eleito presidente da África do Sul em 1994, cargo que ocupou até 1999. Recebeu o Prêmio Nobel da Paz em 1993, por sua luta contra o racismo na África do Sul.

Nicolae Ceausescu: líder da Romênia comunista entre 1965 e 1989, quando foi executado no contexto das revoluções liberais do Leste Europeu, acusado de genocídio contra a população. A Romênia foi o único país da Cortina de Ferro cujo regime comunista terminou de forma violenta.

Organização Mundial do Comércio (OMC): instituição reguladora das transações comerciais internacionais. Foi criada após a Rodada do Uruguai, em 1993, ainda no âmbito do Acordo Geral de Tarifas e Comércio, o Gatt. Entrou em vigor em 1º de janeiro de 1995.

Osama Bin Laden: líder da organização terrorista Al Qaeda. Ganhou notoriedade no mundo islâmico após sua atuação na Guerra do Afeganistão, contra os soviéticos. Foi considerado o principal responsável pelos atentados de setembro de 2001, nos Estados Unidos. Foi capturado no Paquistão por tropas americanas e declarado morto em 1º de maio de 2011.

Oskar Fischer: político alemão, foi ministro das Relações Exteriores da Alemanha Oriental entre 1975 e 1990.

Pacto de Varsóvia: aliança militar formada pelos países comunistas em maio de 1955. Rivalizou, durante a Guerra Fria, com a Otan, a Organização do Tratado do Atlântico Norte, a aliança militar dos países capitalistas que incluía a Europa Ocidental e os Estados Unidos. O Pacto de Varsóvia foi extinto em março de 1991.

Pareto: economista, sociólogo e político italiano, Vilfredo Pareto morreu em agosto de 1923. Entre as suas contribuições, está o conceito de "ótimo de Pareto", ponto em que a situação não pode melhorar sem prejudicar a posição de outros atores envolvidos no contexto.

Perestroika: "reestruturação", em russo. Junto com a *glasnost*, "abertura", compunha o quadro conceitual das reformas levadas à frente por Mikhail Gorbachev na União Soviética na segunda metade dos anos 1980.

Plano Bresser: lançado em junho de 1987, após o fracasso do Plano Cruzado, foi a segunda tentativa do governo Sarney de conter a espiral inflacionária no Brasil. Ganhou o nome do então ministro da Fazenda, Luiz Carlos Bresser-Pereira.

Plano Collor: instituído em março de 1990, reuniu uma série de medidas e reformas econômicas colocadas em prática pelo governo Fernando Collor de Mello, no intuito de combater a inflação no Brasil. Incluiu o Plano Industrial e de Comércio Exterior e o Programa Nacional de Desestatização, bem como o famoso "confisco da poupança".

Plano Cruzado: conjunto de medidas lançadas em fevereiro de 1986 pelo governo José Sarney, tendo o ministro da Fazenda Dilson Funaro à frente, na tentativa de estabilizar a economia e conter o processo inflacionário.

Plano de Metas: projeto desenvolvimentista implementado pelo governo Juscelino Kubitschek com base no slogan "50 anos em 5". Por meio do plano, foram feitos investimentos públicos vultosos, em especial nos setores de energia, transporte e de indústrias de base.

Plano Real: plano bem-sucedido de estabilização da economia brasileira lançado em fevereiro de 1994, no governo Itamar Franco, tendo à frente o ministro da Fazenda Fernando Henrique Cardoso.

Plano Trienal de Desenvolvimento Econômico e Social: proposto em 1963 pelo ministro do Planejamento Celso Furtado, no governo João Goulart, o Plano Trienal reuniu uma série de medidas para retomar o crescimento e conter a inflação no país.

Plano Verão: última tentativa do governo Sarney de conter a inflação. Foi lançado pelo ministro da Fazenda Maílson da Nóbrega, em janeiro de 1989.

Produto Interno Bruto: soma de todos os bens e serviços produzidos por uma determinada economia durante um período específico de tempo. Mede a atividade econômica de uma região ou de um país.

Programa de Estabilização Monetária (governo JK): lançado pelo ministro da Fazenda Lucas Lopes, em junho de 1958, procurou estabelecer um controle mais rígido sobre o orçamento do governo e a expansão monetária. Foi abandonado pelo presidente Juscelino Kubitschek no início do ano seguinte.

República Democrática Alemã: nome da antiga Alemanha Oriental. A Ocidental chamava-se República Federal da Alemanha.

Revolução de Veludo: movimento não violento que depôs o regime comunista na Tchecoslováquia entre novembro e dezembro de 1989.

Richard Nixon: presidente dos Estados Unidos entre janeiro de 1969 e agosto de 1974, quando renunciou envolvido no escândalo Watergate. Foi o único presidente a renunciar na história dos Estados Unidos. Morreu em Nova York, em abril de 1994, aos 81 anos.

Roberto Campos: economista, diplomata e político, foi deputado federal, senador e ministro do Planejamento, no governo Castelo Branco. Um dos principais nomes do pensamento político e econômico brasileiro do século XX. Membro da Academia Brasileira de Letras, morreu em outubro de 2001, no Rio de Janeiro.

Roberto Freire: político pernambucano, foi candidato à presidência do Brasil em 1989 pelo Partido Comunista Brasileiro e foi um dos fundadores do Partido Popular Socialista (PPS).

Ronald Reagan: ator, político conservador e presidente dos Estados Unidos entre 1981 e 1989. Foi também governador da Califórnia. Morreu em junho de 2004, em Los Angeles.

Rui Barbosa: político, diplomata e escritor nascido em Salvador, foi um dos principais artífices da República. Intelectual de peso na história política brasileira, membro fundador da Academia Brasileira de Letras, morreu em 1923, aos 73 anos.

Saddam Hussein: presidente do Iraque entre 1979 e a invasão americana ao país, em março de 2003. Capturado por tropas dos Estados Unidos, foi executado em 30 de dezembro de 2006, aos 69 anos.

Solidariedade: federação sindical independente criada na Polônia em agosto de 1980, em pleno regime comunista. Um dos seus principais líderes, Lech Walesa, se tornou presidente do país após as revoluções de 1989.

Tancredo Neves: político mineiro, foi ministro da Justiça, ministro da Fazenda, primeiro-ministro durante o interregno parlamentarista no país e governador de Minas Gerais. Um dos principais nomes da resistência democrática durante o regime militar e um dos líderes do movimento pelas eleições diretas em 1983-1984, foi eleito presidente pela via indireta em 1985, mas não tomou posse. Doente, morreu em 21 de abril de 1985.

Timothy Garton Ash: historiador britânico especializado na história política europeia contemporânea. Professor de estudos europeus na Universidade de Oxford.

Tratado para a Proscrição de Armas Nucleares na América Latina (Tlatelolco): negociado em fevereiro de 1967 na cidade mexicana de Tlatelolco, o acordo entrou em vigor em abril de 1969. O Brasil o ratificou somente em 1994. Cuba foi o último país da região a aceitá-lo, em outubro de 2002.

Ulysses Guimarães: político nascido no estado de São Paulo, exerceu papel de importância na redemocratização do Brasil após o regime militar. Ganhou destaque no movimento Diretas Já, de 1983-1984, ganhando o apelido de "Doutor Diretas", presidiu a Assembleia Nacional Constituinte de 1988 e foi candidato à presidência em 1989, pelo PMDB. Morreu em um acidente de helicóptero, em outubro de 1992.

Vaclav Havel: escritor e dramaturgo tcheco, um dos líderes da Revolução de Veludo que derrubou o regime comunista na Tchecoslováquia em 1989. Foi presidente da Tchecoslováquia entre dezembro de 1989 e julho de 1992, quando o país se separou em duas nações: a República Tcheca e a Eslováquia. Presidiu a primeira, entre 1993 e 2003.

Welfare state: em português, "Estado de bem-estar social". O termo refere-se aos sistemas implementados na Europa Ocidental do pós-guerra pelos quais os cidadãos recebiam inúmeros benefícios sociais dos governos federais na região, com a garantia de amplos serviços públicos de qualidade e proteção governamental.

Wojciech Jaruzelski: chefe de Estado na Polônia comunista entre 1981 e 1989. Com a revolução liberal no país, tornou-se presidente, cargo que ocupou entre 1989 e 1990, quando foi sucedido por Lech Walesa.

Agradecimentos

Gostaria de agradecer, em primeiro lugar, à professora Maria Regina Soares de Lima. Tenho muito orgulho de tê-la tido como orientadora em boa parte desta pesquisa. Suas contribuições para este trabalho foram inestimáveis.

Da mesma forma, agradeço aos professores Letícia de Abreu Pinheiro, Isabel de Assis Ribeiro de Oliveira, Angeluccia Bernardes Habert, Luis Manoel R. Fernandes e Matias Spektor, que também fizeram contribuições valiosas e indispensáveis. Gostaria, ainda, de agradecer ao professor Nizar Messari e a todos no Instituto de Relações Internacionais da PUC-Rio pelo apoio ao longo deste projeto.

No mesmo sentido, meu muito obrigado às contribuições feitas pelos meus colegas no âmbito do Grupo de Trabalho de Comunicação e Política nos encontros da Associação Brasileira dos Programas de Pós-Graduação em Comunicação Social (Compós), em especial aos professores Wilson Gomes, Alessandra Aldé, Luís Felipe Miguel, Flávia Biroli, Afonso de Albuquerque, Ricardo Fabrino Mendonça, Francisco Paulo Jamil Almeida Marques, bem como aos pesquisadores Camilo Aggio e Rafael Cardoso Sampaio.

Agradeço também às conversas valiosas com os professores Cesar Romero Jacob, Everardo Rocha, Miguel Pereira e todos os meus colegas no Departamento de Comunicação Social da PUC-Rio, bem como aos meus amigos diplomatas Braz Baracuhy e Gustavo Senechal, pelas intervenções sempre enriquecedoras. Da mesma forma, gostaria de agradecer ao meu colega e amigo Arthur Dapieve, por seu apoio constante ao meu trabalho. Além disso, agradeço aos meus colegas e queridos amigos professores Marco Antonio Pamplona, Luís Reznik, Eduardo Jardim, Edgar Lyra e Karl Erik Schøllhammer, influências de peso na minha formação pessoal e profissional.

Ainda, sou muito grato ao professor Fernando Sá, ao professor Felipe Gomberg e a todos na Editora PUC-Rio. Da mesma forma, agradeço a Édio Pullig e a todos na Editora Apicuri, em especial a Rosangela de Oliveira Dias, pela paciência com este autor e todo o apoio dado a este livro.

Por fim, mas não menos importante, gostaria de agradecer à minha família, minha mulher, meus filhos, meus pais, meu irmão, meus avós, tios, primos e sobrinhos. Como sempre digo, nada seria possível sem o apoio e o carinho de vocês.

Janeiro de 2013 – 1.000 exemplares
Capa: Cartão supremo 250g/m²
Miolo: Pólen bold 90g/m²
Fontes: Elegant Garamond BT / DIN
Impresso na gráfica da Editora Vozes.